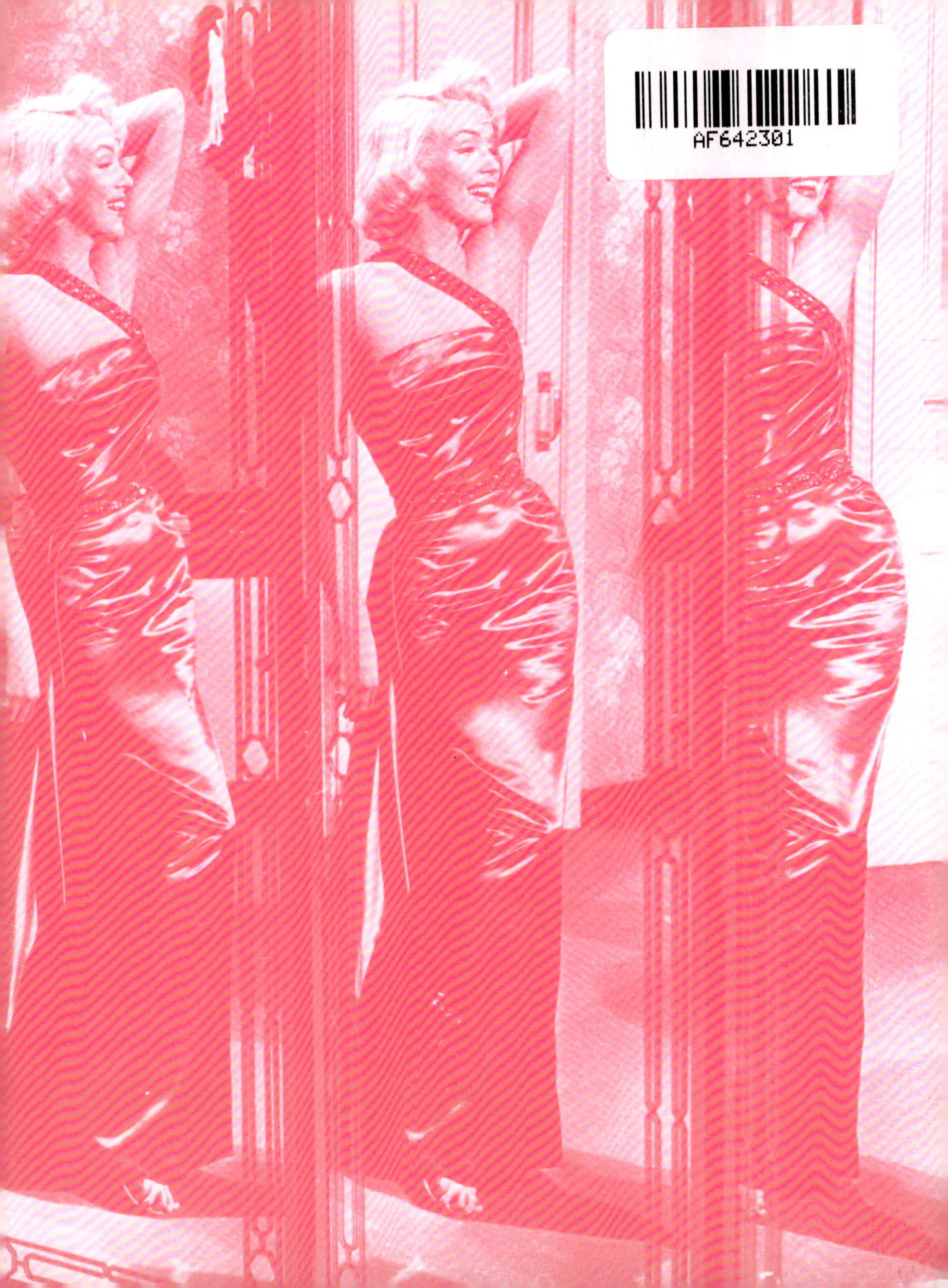

AF642301

tionfaszinationfaszinationfa

inationfaszinationfaszinatio

Auf die Macht des Platinblond
Auf die Macht der Schönheit
Auf die Macht der Leidenschaft
Denn ohne Leidenschaft gibt es kein Leben

(M. C.)

Faszination

MARILYN MONROE

LEBEN, LEIDENSCHAFT UND STIL EINER MODEIKONE

© 2018 Centauria srl – Mailand

Eden Books
Ein Verlag der Edel Verlagsgruppe GmbH
Copyright © 2022 der deutschen Ausgabe
Edel Verlagsgruppe GmbH, Neumühlen 17, 22763 Hamburg
www.edenbooks.de
1. Auflage 2022

Texte: Massimiliano Capella
Grafikdesign: Studio Dispari, Mailand
Übersetzung, Lektorat, Satz: Rotkel. Die Textwerkstatt
Umschlagadaption: Rosanna Motz
Druck und Bindung: optimal media GmbH, Glienholzweg 7,
17207 Röbel/Müritz
ISBN 978-3-95910-379-4

Alle Rechte vorbehalten. All rights reserved. Das Werk darf – auch teilweise – nur mit Genehmigung des Verlages wiedergegeben werden.

Printed in Germany

Eden Books unterstützt bei der Produktion dieses Buches das Projekt »Junge Riesen für die nächsten 100 Jahre«. Damit wird ein Anteil der unvermeidbaren CO_2-Emissionen im direkten Umfeld des Produktionsstandortes kompensiert.

MASSIMILIANO CAPELLA

Faszination

MARILYN MONROE

LEBEN, LEIDENSCHAFT UND STIL EINER MODEIKONE

Eden BOOKS

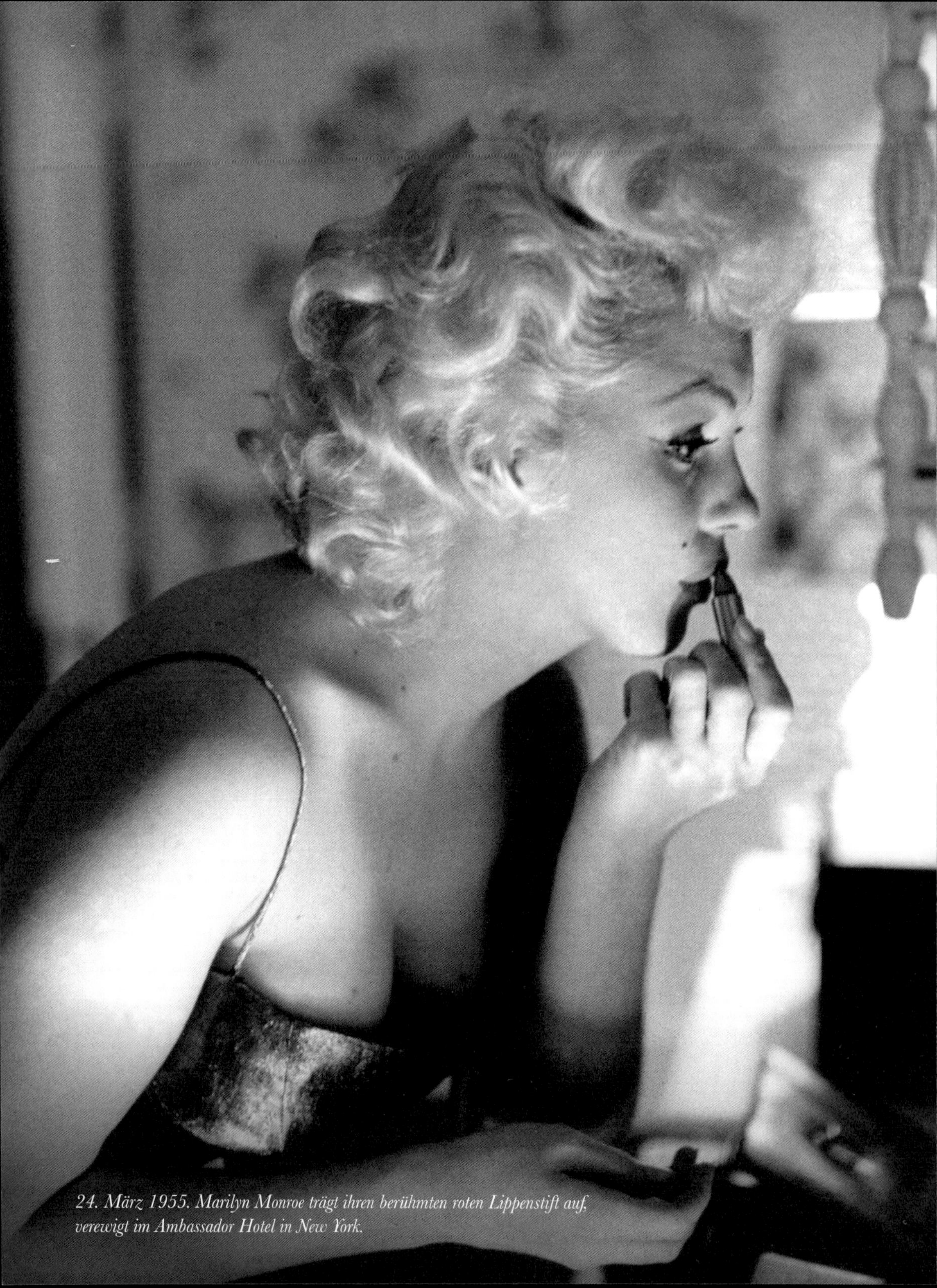

24. März 1955. Marilyn Monroe trägt ihren berühmten roten Lippenstift auf, verewigt im Ambassador Hotel in New York.

»Wenn ich
Kirche betrat
zu spielen
überkam
Drang, mir
vom Leib
Und nackt zu

als Kind die
und die Orgel
begann,
mich der
alle Kleider
zu reißen.
bleiben.«

Marilyn Monroe

*»Ich will nicht reich sein,
ich möchte geliebt werden.«*

Marilyn Monroe

Biografie

Am 1. Juni 1926 bringt die 24-jährige Gladys Pearl Monroe ihre Tochter Norma Jeane Mortenson Baker Monroe im County Hospital in Los Angeles zur Welt. Beim Ausfüllen der Geburtsurkunde trägt Gladys als Vater einen fiktiven Namen ein. Die Identität ist bis heute ungeklärt, und Norma Jeane wird sich ihr ganzes Leben lang nach einem Vater sehnen, auch und vor allem als die ganze Welt bereits im Bann des Mythos Marilyn steht.

Gladys, die einige Jahre zuvor nach Los Angeles gezogen ist, um in der Filmbranche zu arbeiten, ohne dabei wirklich erfolgreich zu sein, ist psychisch labil und wird gezwungen, ihre Tochter dem

Sozialdienst zu übergeben. Für die kleine Norma Jeane beginnt damit eine Leidenszeit in Waisenhäusern und Pflegefamilien, mit gelegentlichen Rückführungen in die Obhut ihrer psychisch kranken Mutter, die in einem Moment der Verwirrung sogar versucht haben soll, ihre Tochter mit einem Kissen zu ersticken.

Diese Bedingungen ihres Aufwachsens hinterlassen tiefe Spuren in der sich entwickelnden Persönlichkeit von Norma Jeane, die fortan ständig auf der Suche nach Zuneigung, Aufmerksamkeit und vor allem nach Sichtbarkeit ist. Gloria Steinem drückt es so aus: »Als sie klein war, war [Marilyn] ein extrem vernachlässigtes Kind und muss buchstäblich geglaubt haben, sie sei unsichtbar, dass niemand sie sehen könne. Das passiert mit Kindern, die nicht die richtige Aufmerksamkeit bekommen: Sie denken am Ende, sie seien völlig unsichtbar.«

Das Bedürfnis nach Bestätigung und vor allem nach Beachtung verwandelte Norma Jeane bald in eine wunderschöne Jugendliche, die außerordentliches Vertrauen in die üppigen Formen ihres Körpers hatte, jenes Körpers, der sie zu einem Weltstar machen sollte. In diesen Jahren findet sie in der Leinwand den Ausweg aus dem deprimierenden Alltag einer mittelmäßigen Schulkarriere, bis ihr Vormund beschließt, es sei das Beste für sie, den Sohn ihres Nachbarn, den 20-jährigen James Dougherty, zu heiraten.

Die Hochzeit findet am 19. Juni 1942 statt: Norma Jeane ist gerade 16 Jahre alt geworden, das Mindestalter für eine gültige Ehe. Sie ist nicht nur schön und stets fröhlich, sondern erweist sich als hingebungsvolle Ehefrau, ausgezeichnete Köchin und tüchtige Hausfrau. Doch der Krieg unterbricht die Idylle mit James, der in den Pazifik geschickt wird. Marilyn findet eine Anstellung in der

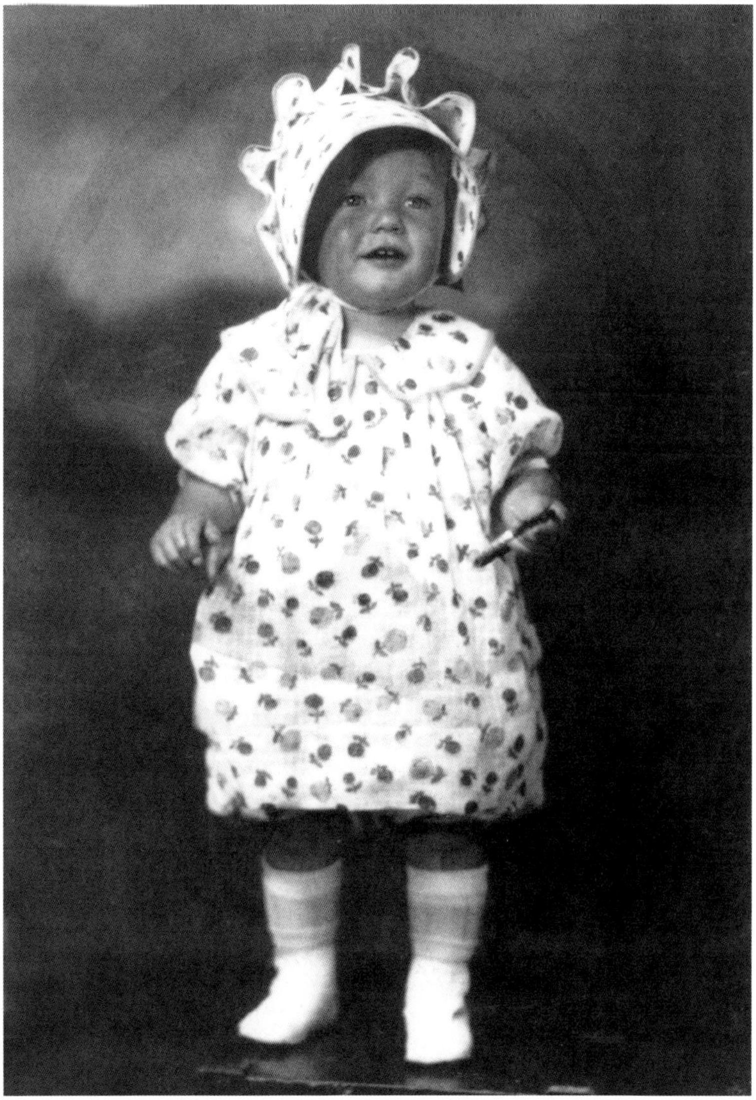

1928. Norma Jeane im Alter von zwei Jahren in einem bedruckten Blumenkleid und mit einer passenden Mütze.

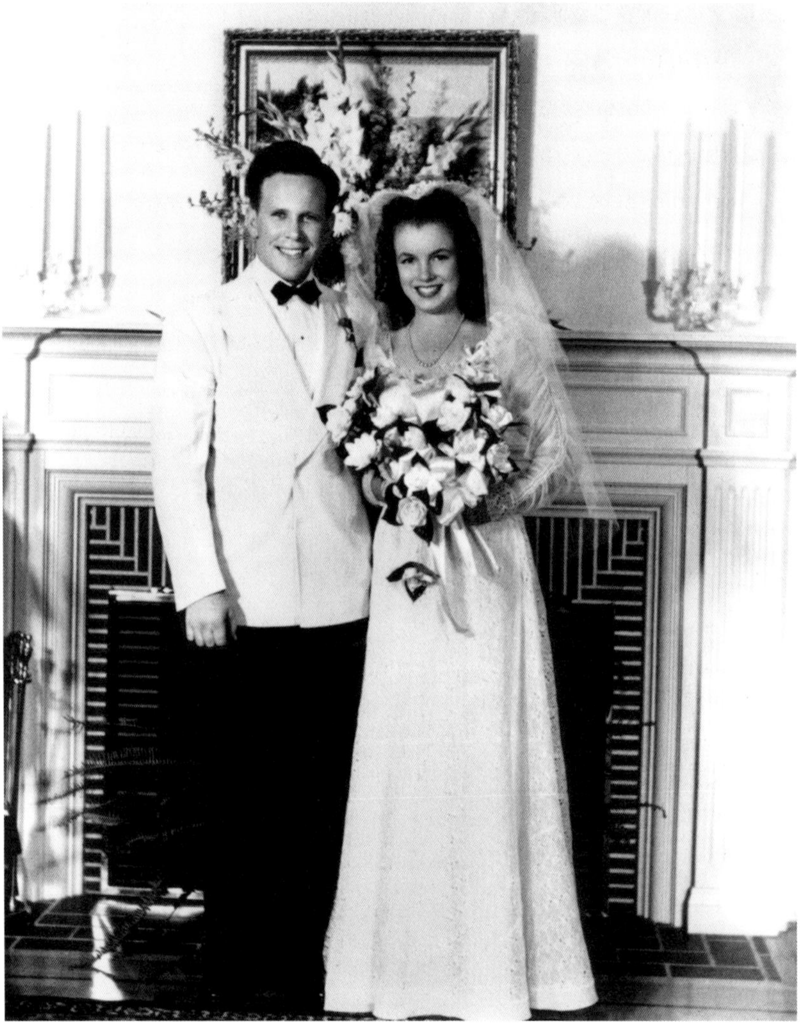

1942. James Dougherty und die 16-jährige Norma Jeane an ihrem Hochzeitstag in Los Angeles.

Radio Plane Munitions Factory, wo Fallschirme hergestellt werden. Während ihr Mann weit weg ist und sie in absoluter Freiheit lebt, wird sie vom Fotografen David Conover entdeckt, der unter den Arbeiterinnen nach Covergirls für das Magazin *Yank* sucht. Mit diesem ersten Shooting beginnt sie im Alter von 19 Jahren ihre Modelkarriere, die ihr, nach dem ersten veröffentlichten Foto, auch den Titel *Miss Flamethrower* einbrachte. So begann ein Weg ohne Rückkehr in den Olymp der Stars.

Die Figur der Norma Jeane als Protagonistin der ersten *Cheesecake*-Fotos, der Bilder augenzwinkernder, wohlgeformter Pin-up-Girls, landet nicht nur in den Händen der Soldaten an der Front – einschließlich des ahnungslosen James, der ungläubig seine Frau wiedererkennt, ohne dass ihm seine Kameraden Glauben schenken –, sondern wird auch von den fachkundigen Augen eines versierten Fotografen wie André De Dienes gesehen. De Dienes erkennt das Potenzial der jungen Frau und will sie bereits 1947 für einen Dreh am Strand engagieren.

Dies wird der erste Teil einer umfassenden Fotoserie, eine gelungene Sammlung wertvoller Bilder, die von Norma Jeanes Verwandlung in Marilyn Monroe und ihrer natürlichen Verwandlung in eine Stilikone und ein lebendiges Kunstwerk zeugen. Auf den ersten Fotos der 1940er-Jahre hat Norma Jeane noch sehr langes braunes Haar und ist perfekt gekleidet, während sie auf dem berühmtesten Foto von De Dienes, dem von Tobay Beach im Jahr 1949, mit den Merkmalen verewigt ist, die wir von der Ikone Marilyn kennen: kürzeres blondes Haar, weniger steife Posen, rote Lippen und eine wie mit dem Skalpell geschnittene Nase, ein sinnliches weißes Badekleid und ein roter Sonnenschirm.

Vor De Dienes' Linse erscheint Marilyn in Posen, die an zwei weibliche Archetypen erinnern: Leonardo da Vincis *Leda* und Botticellis *Venus,* und nimmt damit jene Bilder der 1950er- und 1960er-Jahre vorweg, die stets durch den Blick der Kunst gefiltert werden und auf denen sie von anderen großen Fotografen, von Cecil Beaton (1956) bis Bert Stern (1962), verewigt werden wird.

Die Verwandlung der Frau, die auf den Aufnahmen der späten 1940er-Jahre dokumentiert ist, fällt zusammen mit den neuen beruflichen Zielen, die sie erwarten und die ihr endlich die Veränderung ermöglichen, nach der sie sich immer gesehnt hat, die Aufmerksamkeit, die ihr gefehlt hat, Reichtum und Luxus, Anerkennung und Rampenlicht. Norma Jeane untermauert diese Erneuerung auch in rechtlicher Hinsicht: Sie schickt James die Scheidungspapiere, ohne seine Rückkehr abzuwarten, und ändert gleichzeitig ihren Nachnamen in Monroe, den Mädchennamen ihrer Großmutter mütterlicherseits. Sie wählt Marilyn als neuen Vornamen, wahrscheinlich als Hommage an Marilyn Miller, aber sicherlich, um mit dem sinnlichen Klang eines doppelten M zu spielen. Unterstützt wird sie dabei von ihrem Agenten Ivan Kahn, der ihr die ersten Probeaufnahmen bei 20th Century Fox und einen Sechsmonatsvertrag für kleinere Rollen verschafft, sowie von Emmeline Snively, der Leiterin der Blue Book School of Charm and Modeling, der wichtigsten Werbeagentur in Hollywood. Marilyns Look wird nun bis ins kleinste Detail studiert, ihre geschmeidigen, sinnlichen Bewegungen werden zu ihrem Markenzeichen.

1947. Norma Jeane bei einem Fotoshooting, bevor sie zu Marilyn Monroe »wurde«. Ihre Leidenschaft für Matrosenhemden wird ihr von ihrem jugendlichen Stil bleiben.

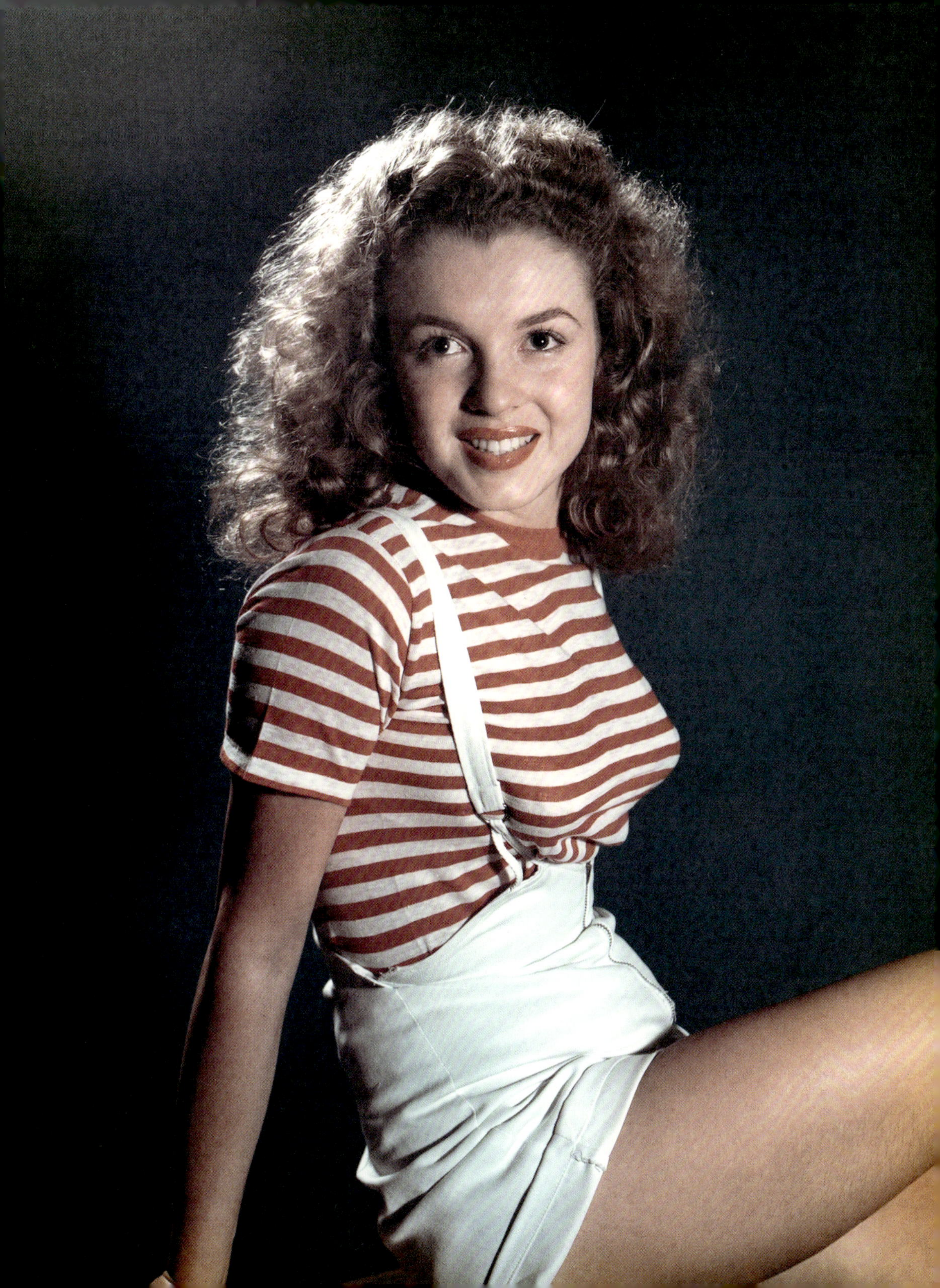

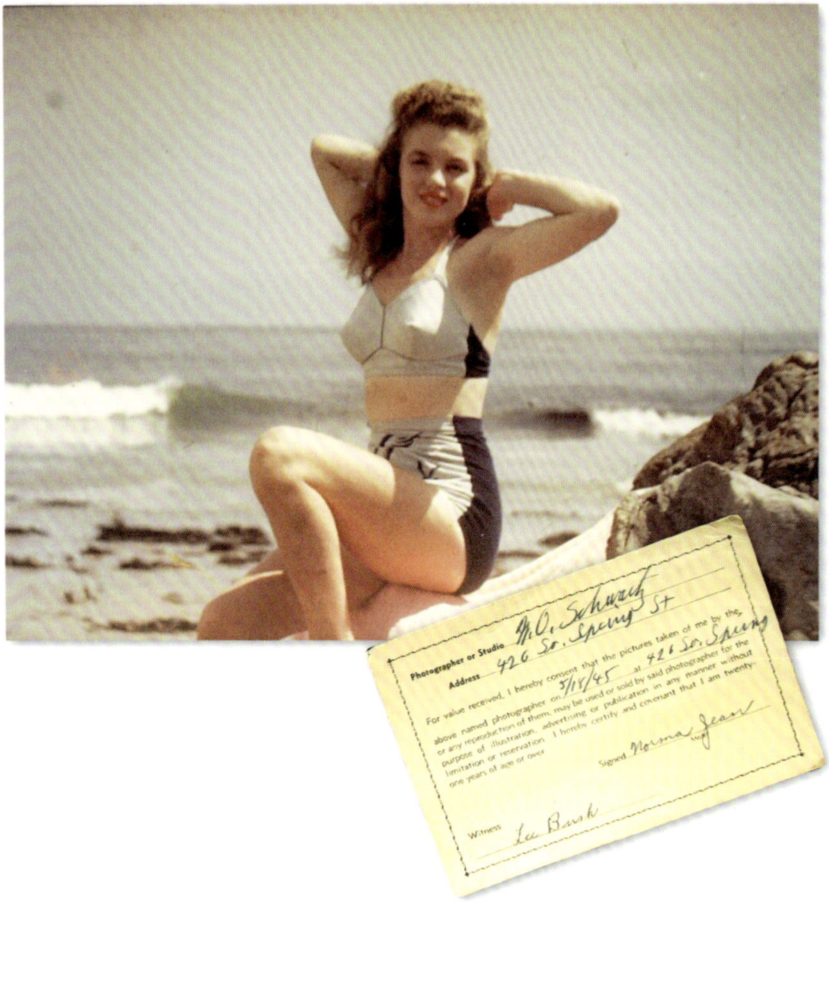

1945. Norma Jeane im Badeanzug bei einem Fotoshooting am Strand. Das Foto wurde am 11. Oktober 2005 in New York versteigert.

Ihre erste Filmerfahrung wird jedoch ein krachender Misserfolg, ebenso wie ihre Mitwirkung bei einem Musical von Columbia Pictures. Das Erfolgsversprechen scheint sich als Illusion zu erweisen, aber Marilyn gibt nicht auf und beginnt, Tanz, Gesang und Schauspiel zu studieren. Um zu überleben, nimmt sie jedes Angebot an, auch das von Tom Kelley, der sie für fünfzig Dollar für ein Nacktshooting engagiert, um die Bilder dann für neunhundert Dollar zu verkaufen. Das Foto von Marilyn, die sich als sexy *Miss Golden Dreams* auf einem roten Tuch räkelt, erscheint im *Beauties for All Seasons*-Kalender, der in einer Auflage von acht Millionen Exemplaren gedruckt wird und in jeder Werkstatt Amerikas ausliegen wird. Eine legendäre Aufnahme innerhalb einer Fotoserie, die so berühmt ist, dass sie ihren eigenen Namen trägt: *Red Velvet,* nach der Farbe des Tuches, auf dem Marilyn mit halb geschlossenen Lidern und kaum geöffneten Lippen liegt. Beeindruckt von der Kraft dieses Bildes, beschließt der junge Hugh Hefner, es einige Jahre später in seinem Magazin *Playboy* abzudrucken, das er im Dezember 1953 gründete. Auf diese Weise trägt er dazu bei, dass die Magazine weltweit Beachtung finden, außer in wenigen Staaten, die ihre Verbreitung verbieten. Hefner ist nicht nur von Marilyns Anblick betört, sondern auch von ihrer Persönlichkeit – insbesondere davon, wie sie mit dem Risiko umgeht, dass das Foto ihre beginnende Schauspielkarriere gefährden könnte.

Marilyn lässt ihrer Ironie freien Lauf, wenn sie sich öffentlich über ihre Mittellosigkeit und Verzweiflung lustig macht und stolz erklärt, dass sie einen so flachen Bauch vorzeigen konnte, weil »ich damals zum Glück sehr wenig gegessen habe«. Ihre Ironie geht sogar noch weiter, wenn sie, angesprochen auf ihre Nacktheit auf dem Kalenderfoto, schelmisch erklärt: »Ich hatte nichts als das Radio an.« Zugleich sendet sie damit eine Botschaft der sexuellen Befreiung an die amerikanischen Frauen, die auf die Rolle der perfekten Ehefrau und Mutter festgelegt sind. Marilyns Freiheit und Emanzipation markieren somit einen Wendepunkt und vor allem einen neuen Ansatz für den weiblichen Stil.

Nachdem sie Anfang der 1950er-Jahre ihr Image definiert hat, wird ihre Karriere endgültig in feste Bahnen gelenkt, dank ihrer Beziehung zu dem Talentscout Johnny Hyde, der sich in sie verliebt und sie zwischen 1950 und 1952 in zahlreichen Filmen mitspielen lässt. Sie wird jedoch auf eine ganz bestimmte Rolle festgelegt, nämlich die der dummen Blondine: von *Alles über Eva* bis zu *Liebling, ich werde jünger* von Howard Hawks, einem Film, bei dem sie dem Kostümbildner William Travilla begegnet, der sich fortan um jedes Detail ihrer Garderobe kümmern wird. Einerseits verfestigt sich also in diesen Jahren der Look, der für immer mit Marilyns Namen verbunden sein wird – Platinlocken, roter Lippenstift, figurbetonte, trägerlose Kleider –, aber andererseits ist Marilyn sehr unglücklich mit der Rolle, die ihr aufgedrückt wird, wie die schneidende Bemerkung in *Alles über Eva* zeigt: »Du hast eine Meinung. Idiotin, aber eine Meinung.«

Ihre Frustration und Verzweiflung erreicht den Höhepunkt, als Hyde einen Herzinfarkt erleidet, was sie zum ersten Mal in eine unerträgliche Einsamkeit stürzt. Sie begeht einen Selbstmordversuch.

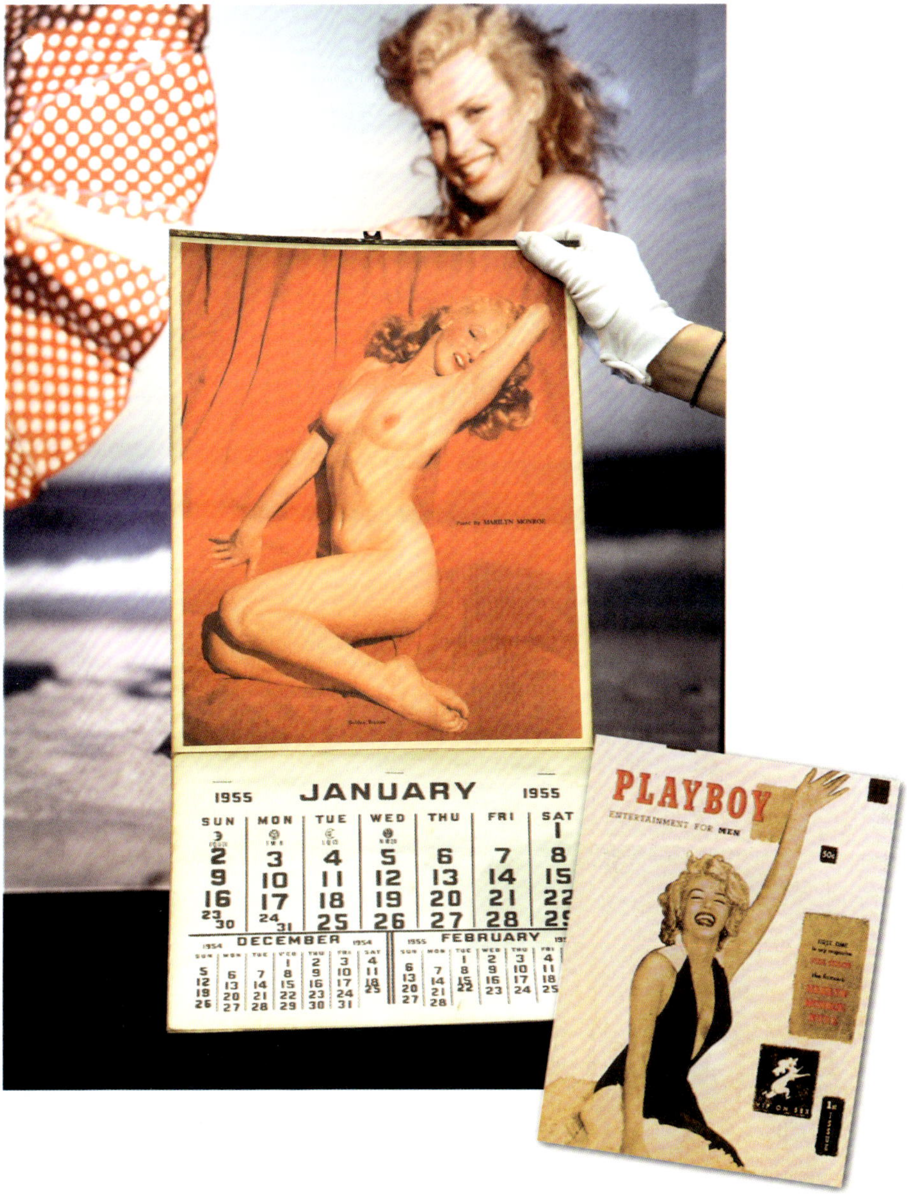

1949. Marilyn Monroe auf der berühmten Red Velvet-*Aufnahme von Tom Kelley, auf einem Kalender von 1955 abgebildet und am 26. April 2011 in Beverly Hills versteigert. Unten: Marilyn Monroe auf dem Cover der ersten Ausgabe des* Playboys *im Jahr 1953.*

Mitten in dieser Krise lernt sie Joe DiMaggio kennen, den schweigsamen Baseball-Champion, der, nachdem er ein Foto von ihr gesehen hat, Berge versetzt, um sie zu treffen, und sich, wie viele andere, sofort in sie verliebt. Zwei Jahre lang halten die Liebesabenteuer des Paares die Nation in Atem, bis sie am 14. Januar 1954 in San Francisco heiraten, mit einer Zeremonie, die alles andere als privat ist.

In der Zwischenzeit nimmt Marilyns Karriere die langersehnte Wendung: Dank ihrer schauspielerischen Leistung im Film *Versuchung auf 809,* in dem sie die Rolle einer psychotischen, selbstmordgefährdeten Babysitterin meisterhaft verkörpert, erhält sie von 20th Century Fox die Chance, in Henry Hathaways Film *Niagara* mitzuwirken. Hier spielt sie sehr glaubwürdig eine untreue Ehefrau, die ihrem Mann nach dem Leben trachtet, auch dank der Fähigkeit des Regisseurs, sich ihre negativ besetzte Sinnlichkeit in einem »farbenfrohen Noir-Melodrama« zunutze zu machen. Der erste Farbfilm von Marilyn zelebriert ihre durchschlagende Kraft: ein ultramodernes Bild, mit ihrem unnachahmlichen wogenden Gang und dem auffälligen Rosa ihres Kleides vom Plakat, das als internationaler Publikumserfolg in die Geschichte eingehen wird.

Der Schauplatz ihres ersten großen Triumphes ist auch der Schauplatz eines Fotoshootings, das die Schauspielerin in ein zeitloses Kunstwerk verwandeln wird. Während der Dreharbeiten zu *Niagara* schießt Gene Korman das Foto, das Andy Warhol zehn Jahre später benutzen wird, um die Maltechnik zu erforschen, die ihn zum König der Pop-Art macht. Als er ein Motiv wählen muss,

21. Mai 1952. Marilyn Monroe mit einer Kreation von William Travilla am Set von Niagara.

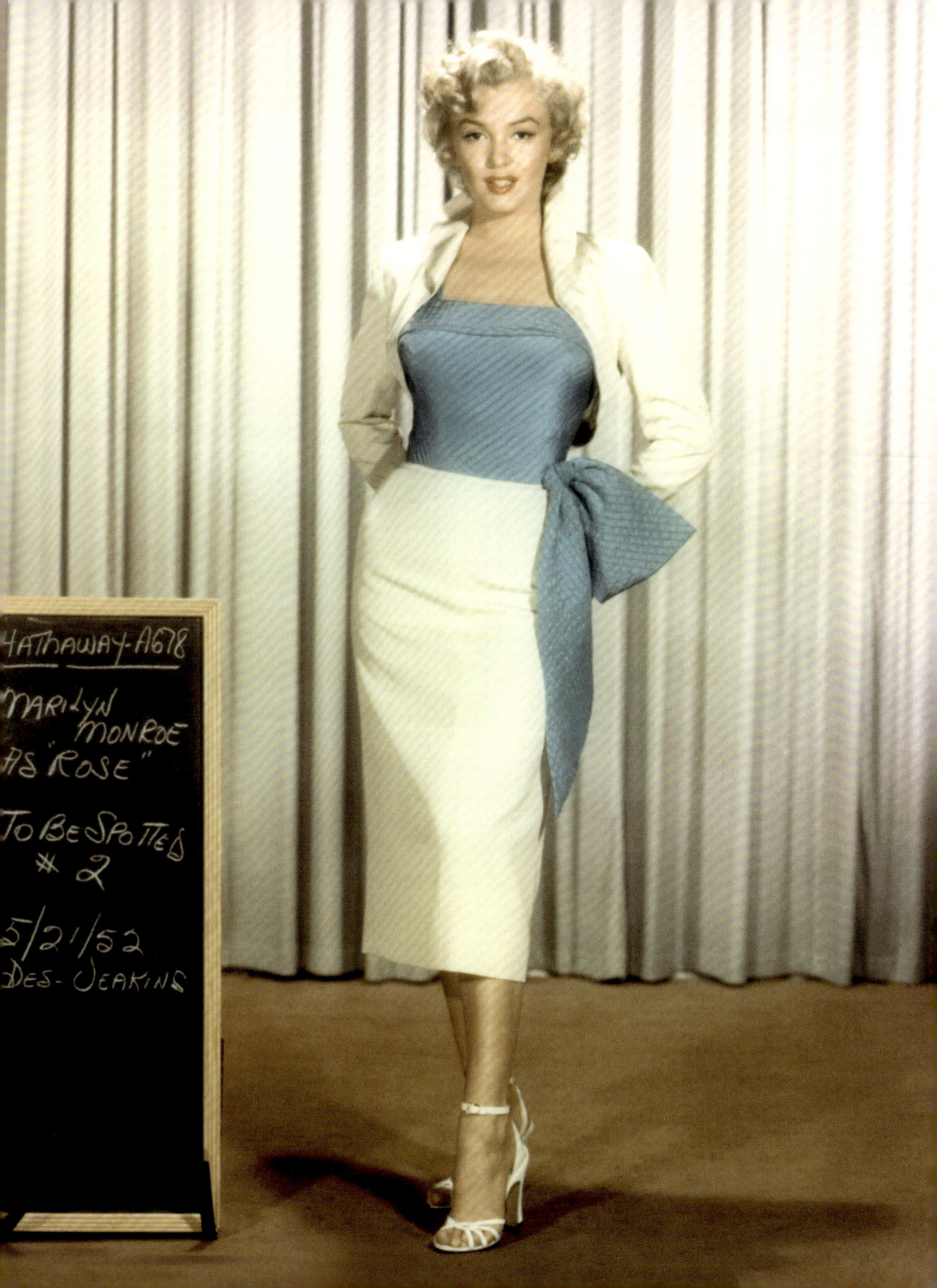
HATHAWAY-A678
"MARILYN
MONROE
AS "ROSE"
TO BE SPOTTED
2
5/21/52
DES- JEAKINS

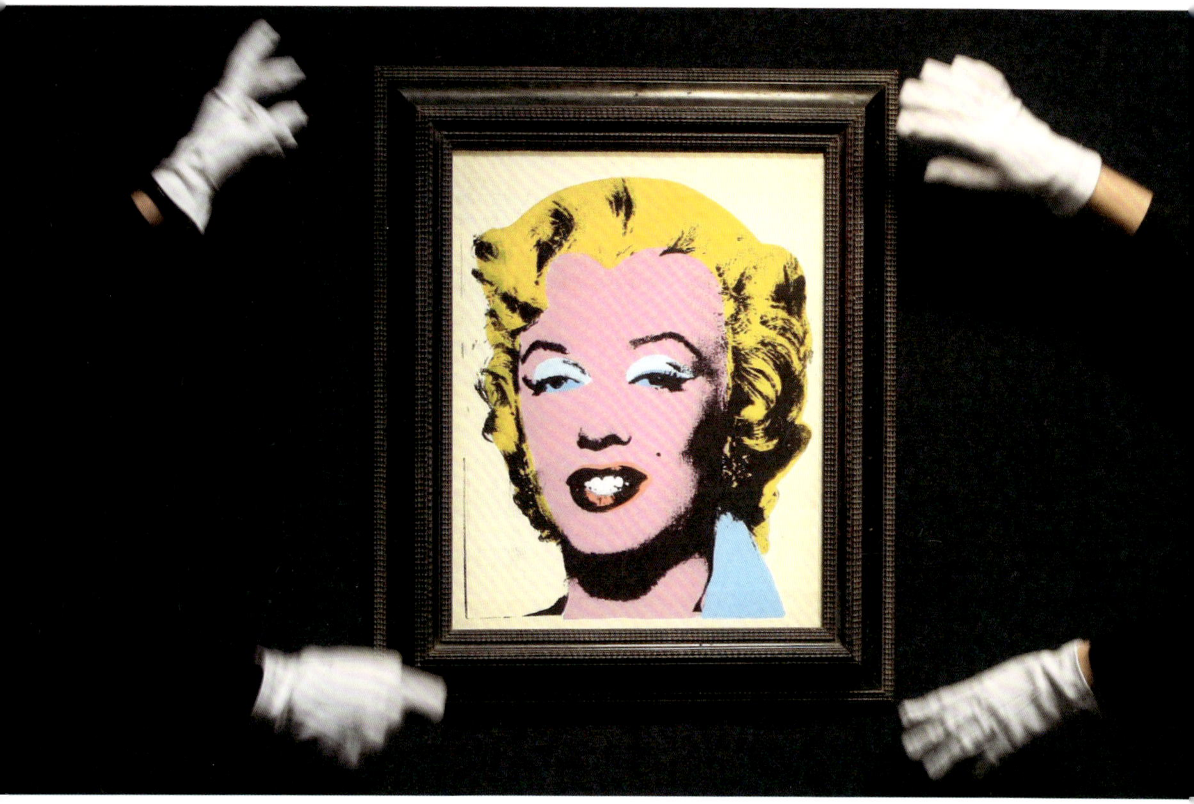

1962. Andy Warhols Lemon Marilyn *erzielte bei einer Auktion in New York 28.040.000 Dollar (Christie's, 16. Mai 2007).*

das er in unendlichen Kombinationen und Farbvariationen wiederholen soll, zögert Warhol nicht:

»Im August 1962 begann ich mit der Herstellung von Siebdrucken. Ich wollte etwas Stärkeres, das den Eindruck von Serialität vermittelt. Beim Siebdruck nimmt man ein Foto, vergrößert es und überträgt es auf den Kleber auf der Seide, dann wird es mit Farbe beträufelt, sodass sie die Seide durchdringt, aber nicht den Kleber. Auf diese Weise erhält man jedes Mal ein etwas anderes Bild. Es war alles so einfach, so schnell und so riskant. Ich war aufgeregt. Als Marilyn Monroe in jenem Monat starb, hatte ich die Idee, Tafeln mit ihrem schönen Gesicht zu gestalten. Die ersten Marilyns.«

Marilyn ist zu einer Popikone geworden. Für sie beginnt das Leben eines Stars mit Premieren, massiven Werbekampagnen, Reisen, Bädern in der Menge, einem Film nach dem anderen. Ein Leben, das so gar nicht zu DiMaggios italienischer Vorstellung von Familie und ehelicher Hingabe passt. Er entpuppt sich als eifersüchtiger und – wie es heißt – gewalttätiger Ehemann. Billy Wilder beschreibt DiMaggios puterrotes Gesicht am Set von *Das verflixte 7. Jahr* während der Dreharbeiten zur Szene mit dem weißen Kleid, die vor fünftausend begeisterten Fans aufgenommen wird. Die Popularität seiner Frau wird für den Champion seit den Flitterwochen in Japan zu einer unüberwindbaren Hürde, wo Monroe in knapper Kleidung und mit schwingenden Hüften vor Soldaten auftrat, die von überallher kamen, um ihr zuzujubeln. Die Auseinandersetzungen zwischen den beiden sind nun eine öffentliche Angelegenheit, aber nichts kann Marilyn auf ihrem Weg zum Erfolg aufhalten. Zum zweiten Mal stellt sie ihre Karriere über ihr Privatleben und reicht nach nur neun Monaten die Scheidung von ihrem Mann ein, der sie jedoch weiterhin lieben, ihr in den dunkelsten Momenten ihres Lebens beistehen und Tausende von Rosen auf ihr Grab legen wird.

Mittlerweile ist die Diva bereits zu einem Vorbild geworden, dessen Stil nachgeahmt wird. Ab Mitte der 1950er-Jahre verwischt die Grenze zwischen der Figur und der realen Person immer mehr, und Marilyns Popularität führt dazu, dass sie sich unprofessionell, launisch und bizarr verhält. Sie lässt selbst Cecil Beaton, den berühmtesten Fotografen jener Zeit, geschlagene zwei Stunden in einem Zimmer des Ambassador Hotels in New York auf sie warten. Beaton porträtiert sie in Bildern, die Marilyns legendäre Größe perfekt einfangen und ihr Gesicht in die Welt der Kunst überführen werden. Es sind faszinierende Aufnahmen, die Aspekte der Renaissanceschönheit mit sinnlichen Elementen der Kunst des 18. Jahrhunderts verbinden und die widersprüchlichsten Seiten von Monroes Persönlichkeit, ihre Spontaneität, den Blick der Diva auf die malerischen Wolkenkratzer des Big Apple in Szene setzen.

1955. Regisseur Billy Wilder und Marilyn Monroe, die das berühmte weiße Faltenkleid trägt, am Set von Das verflixte 7. Jahr.

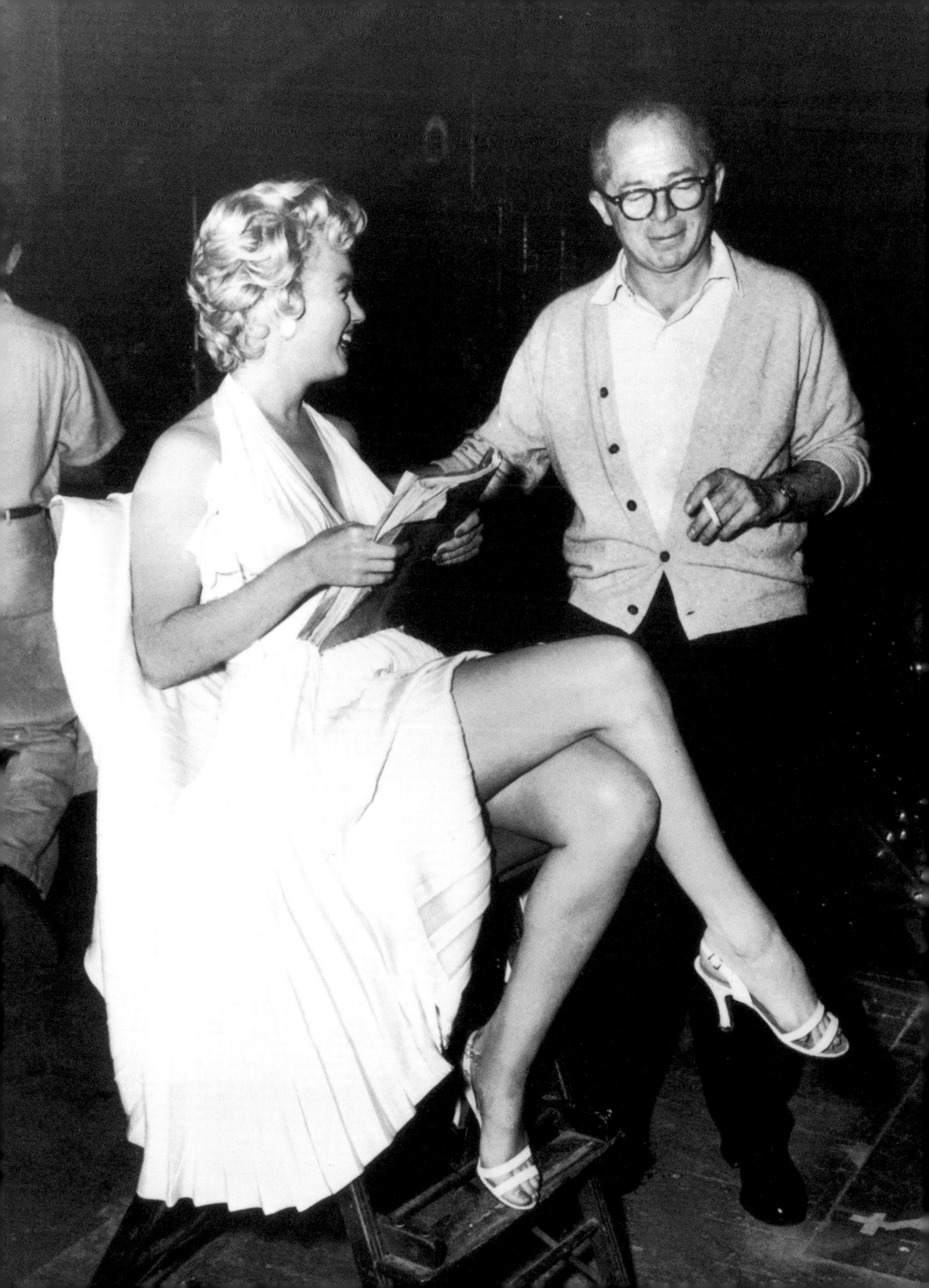

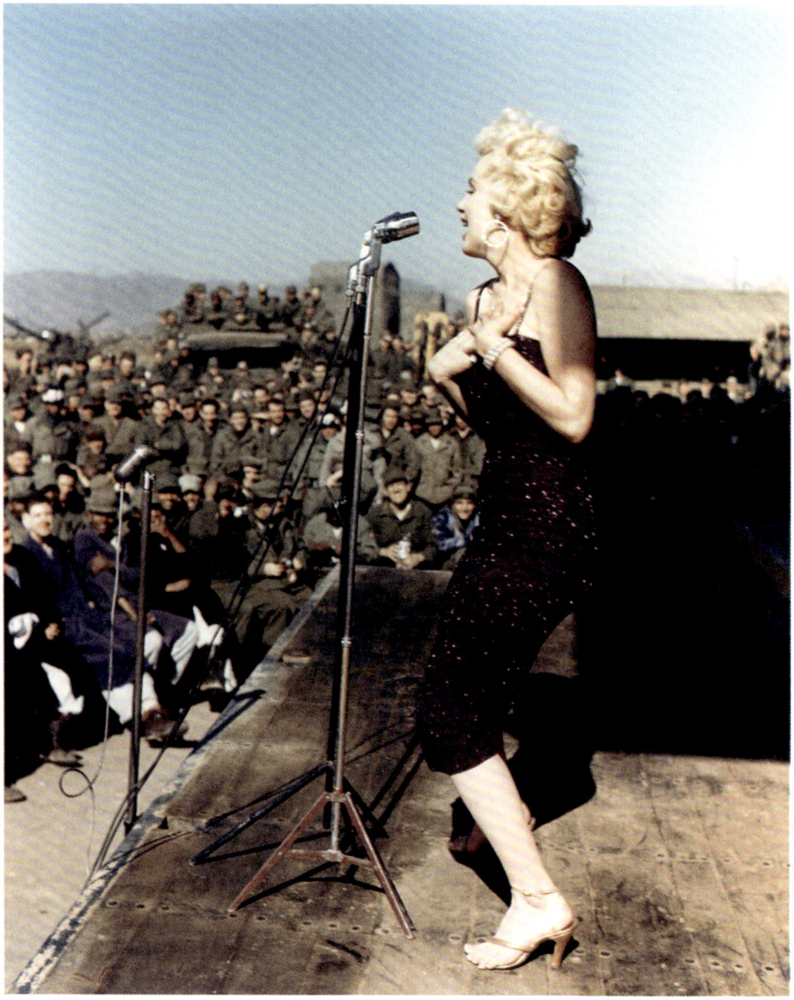

1954. Marilyn Monroe tritt vor den amerikanischen Truppen in Südkorea auf.

Ständig unzufrieden und verärgert über die Behandlung durch die Hollywood-Filmstudios, zieht sie 1955 nach New York, um ein Jahr lang am Actors Studio von Lee und Paula Strasberg zu studieren, mit denen sie eine tiefe Freundschaft verbindet. In dieser Zeit ist Marilyn hin- und hergerissen zwischen dem Wunsch, als Schauspielerin anerkannt und respektiert zu werden, und dem unbedingten Bedürfnis nach Ruhm und Erfolg, den Los Angeles zu garantieren scheint. Dieser Wunsch nach Verwandlung wird von Richard Avedon in einem Fotoshooting verewigt, bei dem Monroe in der Gestalt der großen Diven der Vergangenheit erscheint, von Lillian Russell über Theda Bara, Clara Bow, Jean Harlow bis hin zu Marlene Dietrich. In diesen Jahren voller psychischer Spannungen trifft sie zwei wichtige Entscheidungen: Sie kehrt zu der 20th Century Fox zurück, die, um sie zurückzugewinnen, einen neuen Vertrag aufsetzt, der ihr Mitbestimmungsrechte bei Drehbuch und Regie einräumt. Und sie heiratet den Dramatiker und Schriftsteller Arthur Miller am 29. Juni 1956. Aus Liebe zu Miller konvertiert Marilyn zum Judentum, weshalb ihre Filme in Ägypten und Syrien verboten werden, und konzentriert sich auf den anderen sehnlichen Wunsch ihres Lebens: ein Kind zu bekommen. Doch der Traum bleibt trotz unzähliger Versuche und nach zahlreichen Fehlgeburten unerfüllt. Der Grund dafür sind eine schwere Form der Endometriose sowie wahrscheinlich auch psychische Faktoren. Gleichzeitig setzt sie ihre berufliche Entwicklung fort und entscheidet sich 1956 zusammen mit ihrem Fotografenfreund Milton H. Greene für die Produktion und die Hauptrolle in *Der Prinz und die Tänzerin* von Laurence Olivier, der sie am Ende der Dreharbeiten »... fast wunderbar, die Beste von allen« nennt. Mit dieser Darbietung überzeugt sie schließlich die Kritiker, und Anna Magnani verleiht ihr in New York im italienischen Kulturinstitut den *David di Donatello*-Preis als beste ausländische Schauspielerin.

In den folgenden Jahren verschlechtert sich Marilyns psychischer und körperlicher Zustand derart, dass Billy Wilder, bei dem sie die Hauptrolle in dem baldigen Kultfilm *Manche mögen's heiß* spielt, unduldsam auf das reagiert, was er für die Launen eines verwöhnten Mädchens hält. Doch im Alter von 33 Jahren hat der Niedergang des großen Stars begonnen, und niemand ist in der Lage, es zu verstehen und angemessen darauf zu reagieren. Die Ärzte tun nichts anderes, als die Liste ihrer Psychopharmaka zu erweitern. Miller ist zu sehr mit seinem eigenen Ego beschäftigt. Bei 20th Century Fox versucht man nur, sie lange genug am Set zu halten, um eine Szene fertig zu drehen. In dieser psychischen Ausnahmesituation beginnen im Juli 1960 in der grausamen Hitze der Wüste Nevadas die Dreharbeiten zu *Nicht gesellschaftsfähig* unter der Regie von John Huston nach einem Drehbuch, das Miller in den ersten Tagen ihrer Ehe als Valentinstagsgeschenk für sie schrieb. Das Verhalten der Schauspielerin am Set ist nicht

29. Oktober 1956. Queen Elizabeth II. trifft Marilyn Monroe bei der königlichen Filmvorführung von Panzerschiff Graf Spee *im Empire Theatre in London.*

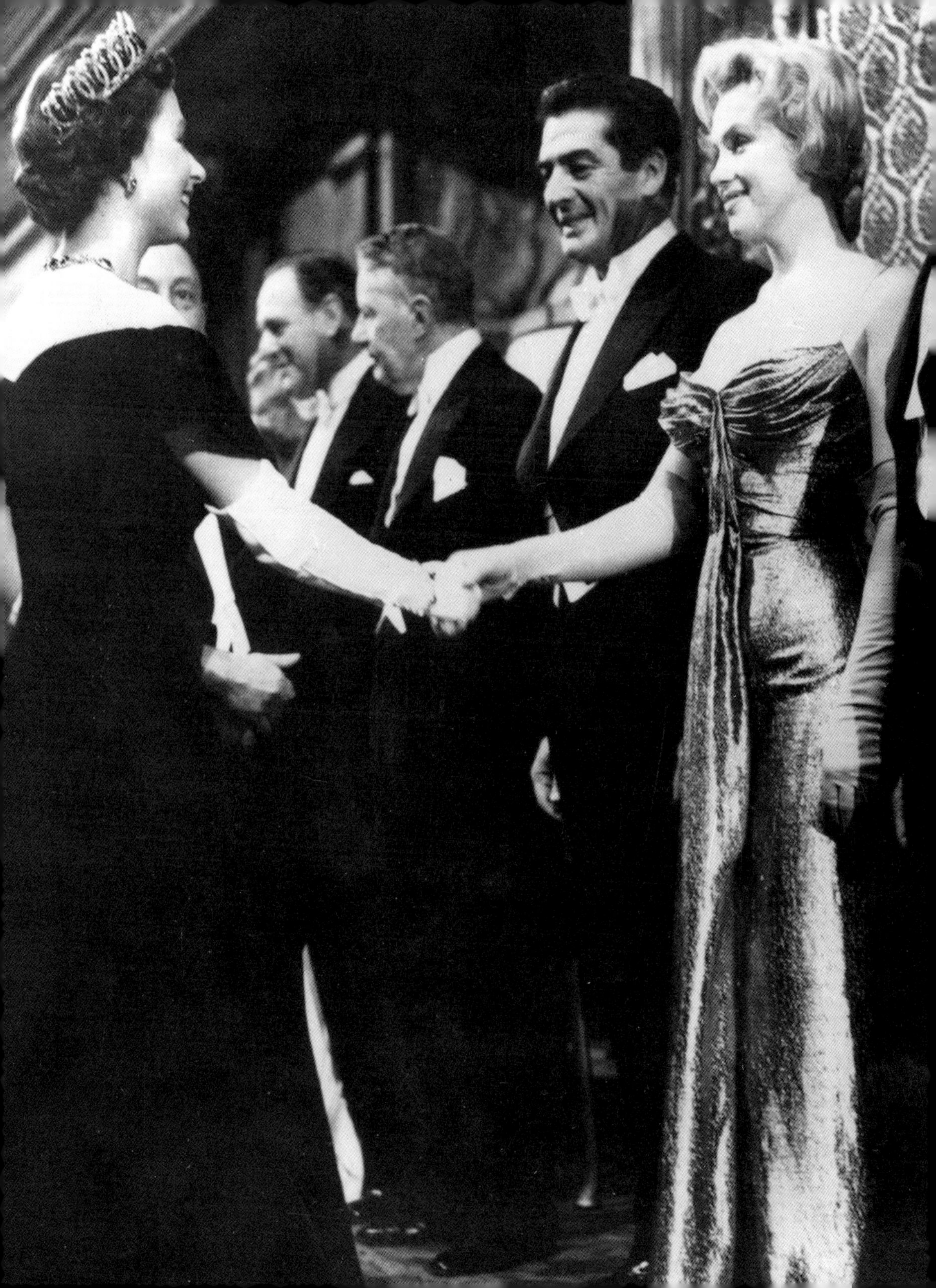

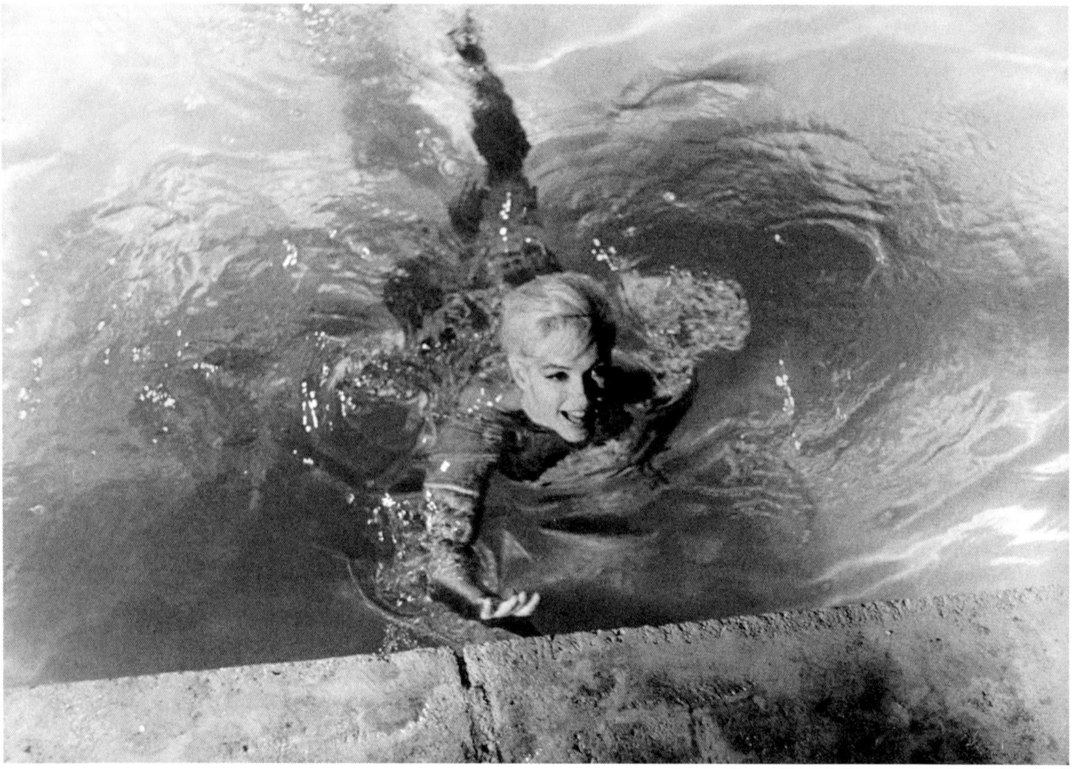

1962. Marilyn Monroe nackt in einer Szene aus dem Film Something's Got to Give, *der unvollendet bleiben wird.*

zu rechtfertigen. Die ständigen Verzögerungen und Unterbrechungen am Set machen Profis wie Montgomery Clift und Clark Gable das Leben schwer. Letzterer verstirbt kurz nach Ende der Dreharbeiten an einem Herzinfarkt, für den sich Marilyn in gewisser Weise die Schuld gibt. Dies wird auch der letzte Film sein, den Monroe beendet. Aufgrund ihres depressiven Zustandes, der sich durch ihre Abhängigkeit von Beruhigungsmitteln und ihren Alkoholmissbrauch noch verschlimmert, wird Marilyn in die Psychiatrie eingewiesen, was bei ihr eine Psychose auslöst. Ihre schlimmste Befürchtung wird wahr: Sie erwartet das gleiche Schicksal wie ihre psychisch kranke Großmutter und Mutter. Nur dank Joe DiMaggios Einfluss wird ihr eine rasche Behandlung zuteil, und so wird sie, kaum wiederzuerkennen, bald inmitten eines Blitzlichtgewitters entlassen. Ihr Leben scheint nahtlos dort anzuknüpfen, wo es mit den Dreharbeiten von *Something's Got to Give* aufgehört hat. Die ersten Bilder zeigen sie nackt im Kino, wunderschön und mit neuen Romanzen, die immer unwahrscheinlicher, immer zerstörerischer werden.

Die Entlassung bei ihrem letzten Film und die Unmöglichkeit einer Weiterentwicklung ihrer undurchsichtigen und mysteriösen Verbindung zu den Kennedys lässt sie in völlige Einsamkeit abgleiten.

Ihr ist nun verwehrt, das zu sein, was sie immer war: der begehrteste Star des Planeten, die blondeste Blondine der Welt. Und so verstirbt Marilyn am 5. August 1962, wenige Tage zuvor auf den letzten Fotos ihres Freundes George Barris verewigt: im Sand sitzend, eingewickelt in einen haferflockenfarbenen mexikanischen Pullover, die blonden Haare zerzaust, die Hände zusammengelegt und die Lippen zu einem Kuss gespitzt, dem Kuss, der, wie sie dem Fotografen gesagt hat, »für dich ist, George«. Ein unsterblicher Kuss, der Marilyns menschliches und berufliches Leben in die Sphäre jener Heldinnen einschreibt, die Opfer ihrer eigenen Größe wurden, die aus erotischer Leidenschaft, Talent und zu viel Einsamkeit besteht.

»... Sie verschwand wie ein goldenes Täubchen. Die Welt hat sie dich gelehrt, und so war deine Schönheit nicht mehr schön ...«

Pier Paolo Pasolini
(*La rabbia – I parte,* 1963)

1955. Marilyn Monroe kommt auf dem New Yorker Flughafen Idlewild, jetzt John F. Kennedy, an, um mit den Dreharbeiten von Das verflixte 7. Jahr *zu beginnen.*

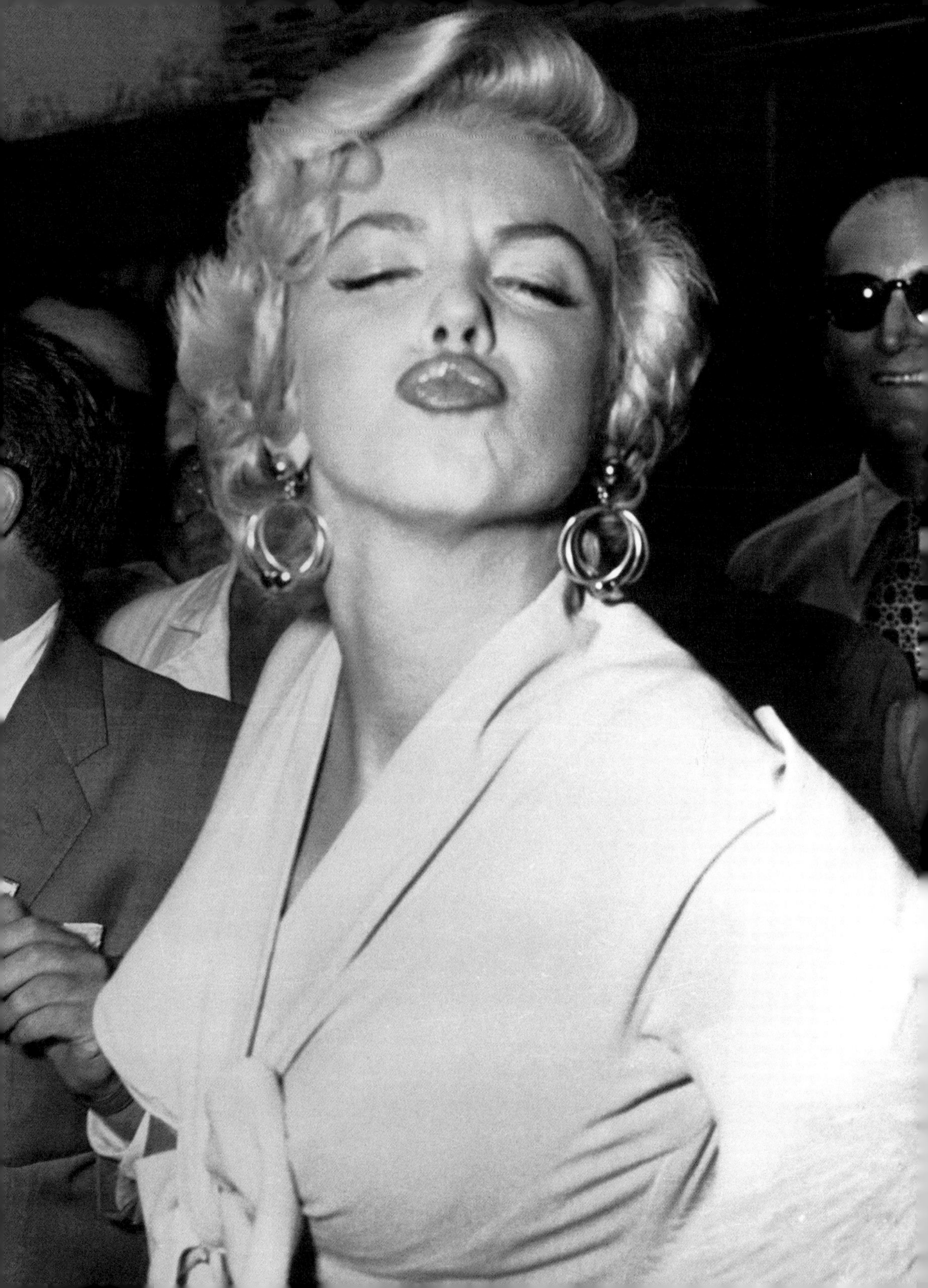

»Mode ist kein Dekor, sondern Architektur. Es reicht nicht aus, dass ein Kleid schön ist, es muss wie ein Palast gebaut sein, denn wie ein Palast ist es die Verwirklichung einer Idee.«

Roberto Capucci

Der Stil der Epoche

New York, 1940. Der angloamerikanische Modeschöpfer Charles James (1906–1978) kommt nach beruflichen Etappen in seiner Heimatstadt London sowie in Paris in den Big Apple. Innerhalb weniger Jahre erwirbt sich dieser erste echte amerikanische Designer den Ruf, einer der innovativsten und genialsten Designer der Haute Couture zu sein – dank der Kreation von Abendkleidern, die in die Modegeschichte des 20. Jahrhunderts eingehen. Dazu gehören *Clover Leaf, Butterfly, Tree, Swan* und *Diamond,* die auf den berühmten Aufnahmen seines Freundes Cecil Beaton verewigt werden und von legendären Kundinnen wie Austine Hearst, Millicent Rogers und Dominique de Menil getragen werden.

Trotz des Skandals um seinen *Taxi dress,* der eigens dafür entworfen wurde, auf dem Rücksitz eines Taxis aus- und wieder angezogen zu werden, präsentiert sich James gern als »Architektenschneider«, und selbst Salvador Dalí findet anerkennende Worte für ihn, als er eine seiner weißen Satinjacken »die erste weiche Skulptur« nennt. James ist gerade für seine skulpturale, ja mathematische Herangehensweise an die Konstruktion von Abendkleidern berühmt, die sich durch innovative Schnitte auszeichnen. In Europa wird er von Balenciaga gefeiert, der ihn als Leitfigur für die Schaffung zeitgenössischer Eleganz ansieht, von Christian Dior, der sich von seinen Schnitten für seinen revolutionären New Look inspirieren lässt, und in Italien von dem jungen Wunderkind der Mode Roberto Capucci. James wählt die Stoffe im Verhältnis zu den Körpern seiner Kundinnen aus, die er wie Skulpturen modelliert: Diese charakteristische Arbeitsweise führt zu der berühmten Formulierung »... seine Arbeit ging über die Mode hinaus und wurde zur Kunst«.

Der Dialog von Mode und bildender Kunst wird sowohl für James als auch für die neuen amerikanischen und europäischen Modedesigner, die sich zwischen den 1940er- und 1950er-Jahren ebenfalls mit der »siebten Kunst« beschäftigen, immer wichtiger. Das Kino mit seinen Schauspielerinnen und großen Kostümbildnern bringt Trends und eine neue moderne Eleganz hervor. Kostümbildner aus

17. Dezember 1957. Modedesigner Charles James mit Howard Reilly.

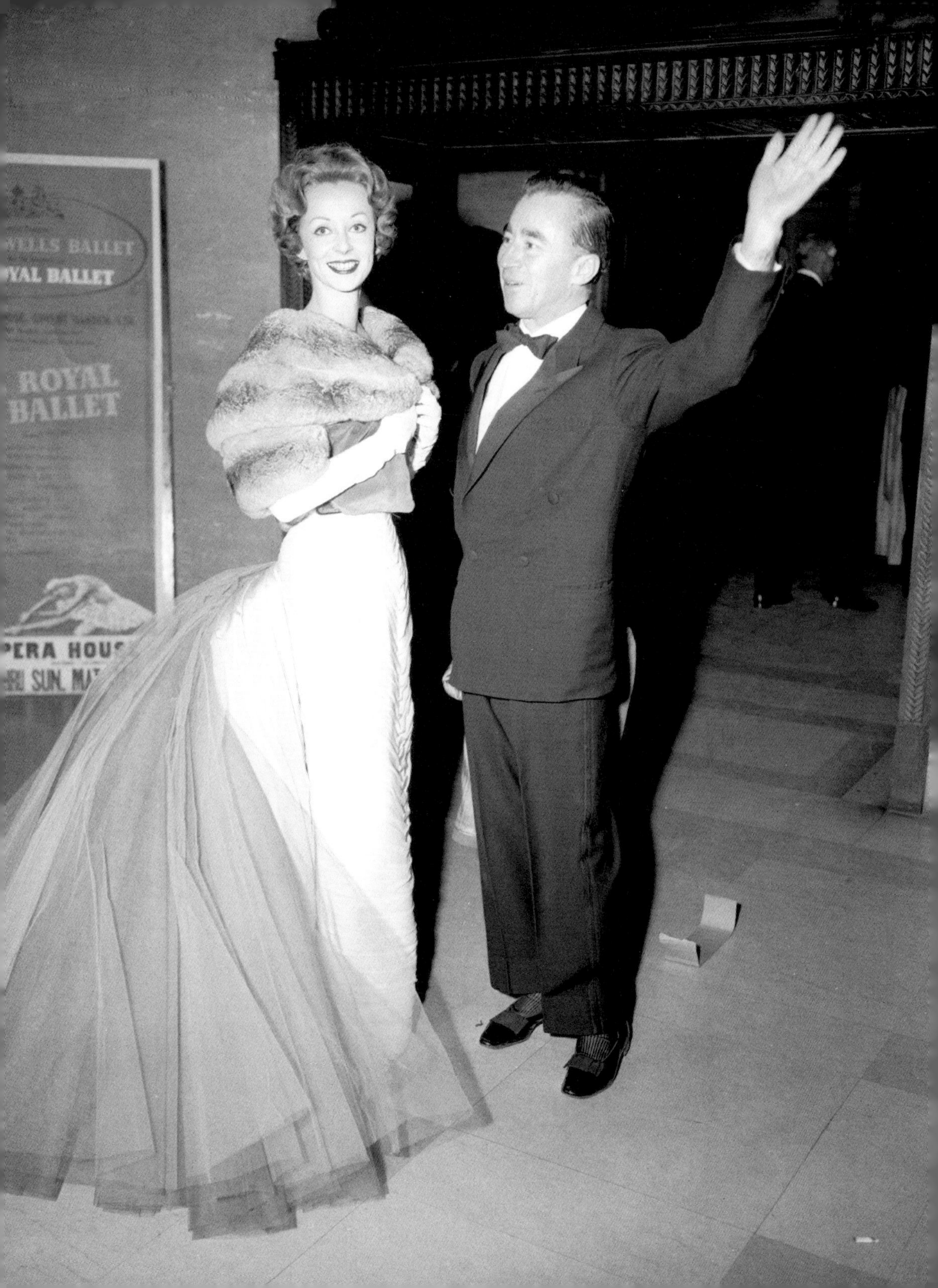
WELLS BALLET
ROYAL BALLET

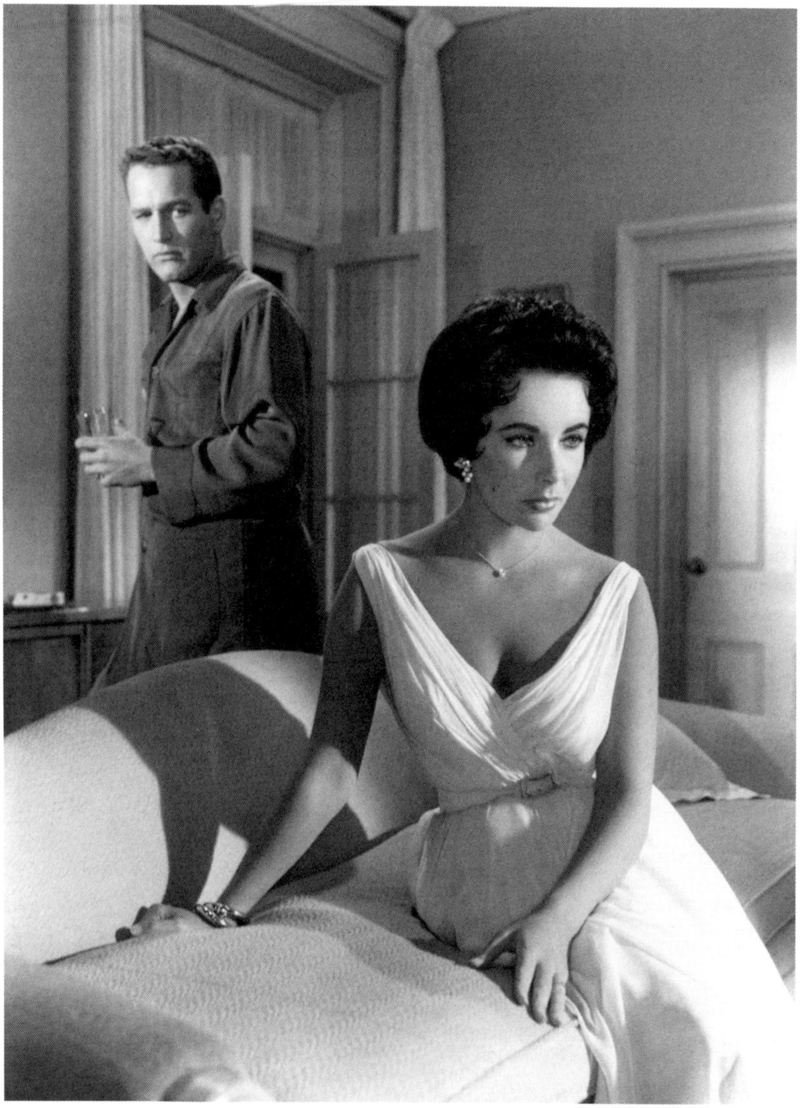

1958. Elizabeth Taylor, am Filmset von Die Katze auf dem heißen Blechdach, *in dem berühmten, von Helen Rose entworfenen Kleid.*

Hollywood wie Adrian, Travis Banton, Jean Louis, Irene, Orry-Kelly, Edith Head setzen den Trend der Saison mit prominenten Trägerinnen: Greta Garbo und Joan Crawford für Adrian; Bette Davis, Dolores Del Río und Ingrid Bergman für Orry-Kelly; Lana Turner für Irene; Marlene Dietrich für Travis Banton; Barbara Stanwyck und Grace Kelly für Edith Head; Rita Hayworth für Jean Louis; Elizabeth Taylor für Helen Rose und natürlich Marilyn Monroe für William Travilla, mit dessen Kreationen sie untrennbar verbunden bleibt und der sie in acht Filmen und bei zahlreichen Anlässen einkleiden wird. In diesen Jahren werden in den Kaufhäusern Kinoabteilungen eingerichtet, um Kopien der Kleider, die die neuen Diven auf der Leinwand tragen, zu erschwinglichen Preisen zu verkaufen, und das mit überwältigendem Erfolg. So stellt 1958 die Reproduktion des legendären weißen Kleides mit reich drapiertem Mieder und überkreuzter Front, das Helen Rose für Elizabeth Taylor im Film *Die Katze auf dem heißen Blechdach* entwarf, einen amerikanischen Verkaufsrekord auf.

Die kommunikative Kraft des Kinos zieht auch die europäischen Modedesigner an. Nach den ersten Erfahrungen in den 1920er- und 1930er-Jahren mit Jean Patou (der berühmte schwarze Helm, der für Louise Brooks kreiert wurde), Chanel und Elsa Schiaparelli, die eine echte künstlerische Verbindung mit Mae West einging, kommt es in den 1950er-Jahren zu legendären Kooperationen zwischen Schauspielerinnen und den begehrtesten Modetalenten. 1950 entwirft Dior die Garderobe für Marlene Dietrich in *Die rote Lola;* 1954 lernen sich Hubert de Givenchy und Audrey Hepburn am Set von *Sabrina* kennen, während Balenciaga 1956 die Kleider von Ingrid Bergman in *Anastasia* »modelliert«.

Europa bleibt das Zentrum der kreativen Modeproduktion mit Linien und neuen Trends, die einen epochalen Wendepunkt markieren: Am 12. Februar 1947 bringt Christian Dior seine erste Kollektion auf den Markt, die Carmel Snow, die Redakteurin von *Harper's Bazaar,* aufgrund der beispiellosen Eleganz und Pracht der Stoffe, die das Kriegsleid vergessen lassen sollen, »New Look« nennt. Auf Diors Triumph, der als Erster die Bedeutung der Presse und der Medien für die Förderung der Haute Couture erkennt, folgt eine neue Generation von Talenten, die der Pariser Haute Couture wieder internationale Aufmerksamkeit verschaffen, von Pierre Cardin bis Yves Saint Laurent. 1954, nach 15-jähriger Schließung, öffnet das Maison Chanel wieder seine Pforten.

Italien reagiert auf diese französische Kreativitätswelle mit der historischen Modenschau, die Giovanni Battista Giorgini im Februar 1951 in der Villa Torrigiani veranstaltet und die offiziell die Geburtsstunde der zeitgenössischen italienischen Haute Couture einläutet. In Florenz präsentieren sich Talente wie Fabiani, Marucelli, Schuberth, die Sorelle Fontana, Capucci und ab Ende des Jahrzehntes auch Valentino. Zu diesem Thema schrieb Bettina Ballard, Moderedakteurin der amerikanischen *Vogue,* 1951: »Ich habe sehr gute Nachrichten erhalten. Alle scheinen sich sehr für Italien zu interessieren, auch die *Vogue.* Ich bin sicher, dass wir in nächster Zeit etwas gemeinsam unternehmen werden.« Und es ist der amerikanische Markt, über den die internationale Bestätigung des

1944. Jean Louis, Kostümdesigner bei Columbia, umgeben von Hollywood-Schönheiten während der Dreharbeiten zu Es tanzt die Göttin: *(von links) Rita Hayworth, Jinx Falkenburg, Evelyn Keyes und Janet Blair.*

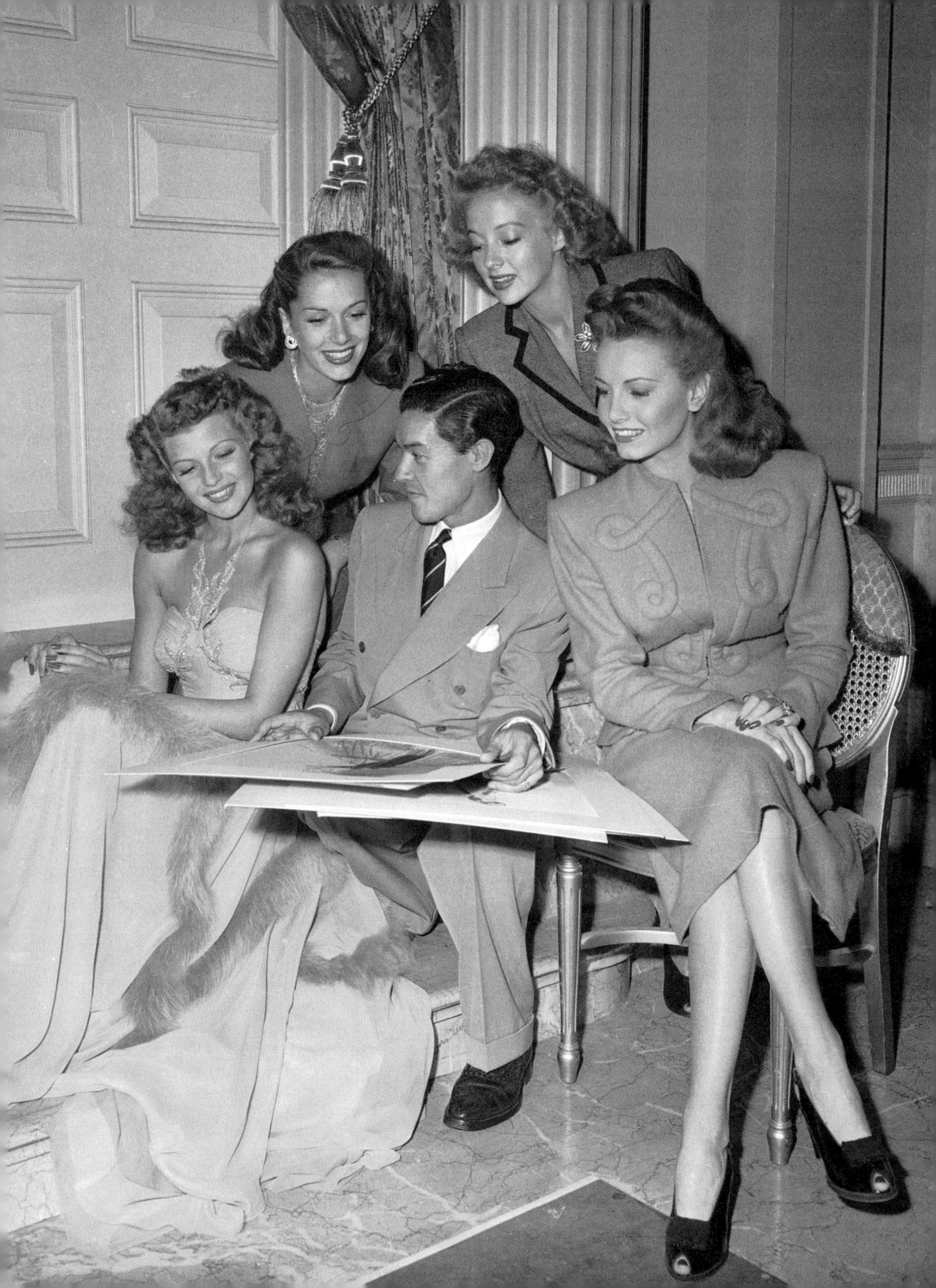

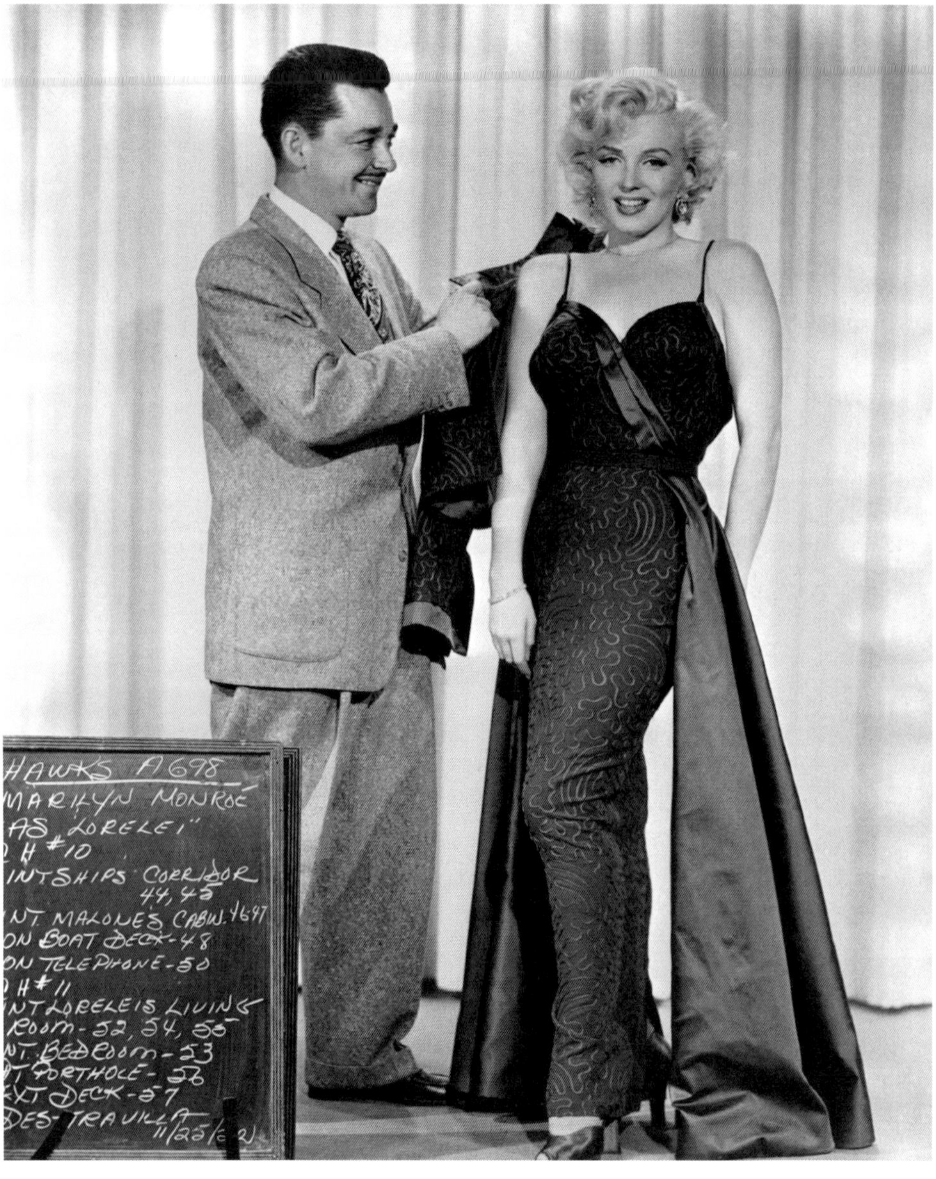

1953. Marilyn Monroe mit dem Kostümbildner William Travilla bei den Dreharbeiten zu Blondinen bevorzugt.

italienischen Stiles tatsächlich erfolgt. In den USA folgen Modeschauen und Ausstellungen dicht getaktet aufeinander, von *Italy at Work. Her Renaissance in Design Today* im Brooklyn Museum (30. November 1950–31. Januar 1951) bis zu *Italy-in-Macy's, U.S.A.* in den Macy's-Kaufhäusern in New York (10.–26. September 1951). 1954 präsentiert die Sorelle Fontana ihre neue Kollektion an Bord der Andrea Doria, die im New Yorker Hafen vor Anker liegt, während Giorgini am 20. Februar 1956 mit acht italienischen Gräfinnen, den Protagonistinnen der berüchtigten *Fashion Cruise,* in New York von Bord der Cristoforo Colombo geht, bei der sie Kreationen ebenso vieler Modehäuser tragen: Lorian Gaetani Lovatelli von Antonelli, Maria Teresa Siciliana di Rende von Schuberth, Consuelo Crespi von Fabiani, Diamante Capponi Cornaggia Medici von Veneziani, Mita Corti Colonna di Cesarò von Carosa, Kiki Brandolini d'Adda von Marucelli, Barbara Biscaretti di Ruffia von Capucci, Jacqueline Borgia von Simonetta.

Auch Marilyn ist von der italienischen Eleganz von Pucci, Ferragamo und dem jungen Roberto Capucci angetan, der laut amerikanischer Presse der erste nicht amerikanische Modedesigner ist, den die Diva auswählt. Der typisch raffinierte italienische Stil setzt sich mit großem Erfolg durch, und Marilyn selbst sagt anlässlich des Amerikaaufenthaltes der Gräfinnen: »Es ist gut, dass die Gräfinnen nur kurz in Amerika haltmachen, sonst könnte ich um meinen Erfolg fürchten« (*La Settimana Incom illustrata,* März 1956).

Mittlerweile tauchen die ersten Bikinis an Kaliforniens Stränden auf, die Brigitte Bardot im Film *Und immer lockt das Weib* (1956) berühmt machten, bald gefolgt von konischen und Push-up-BHs. Auch in Amerika entwickelt sich eine Massenproduktion von

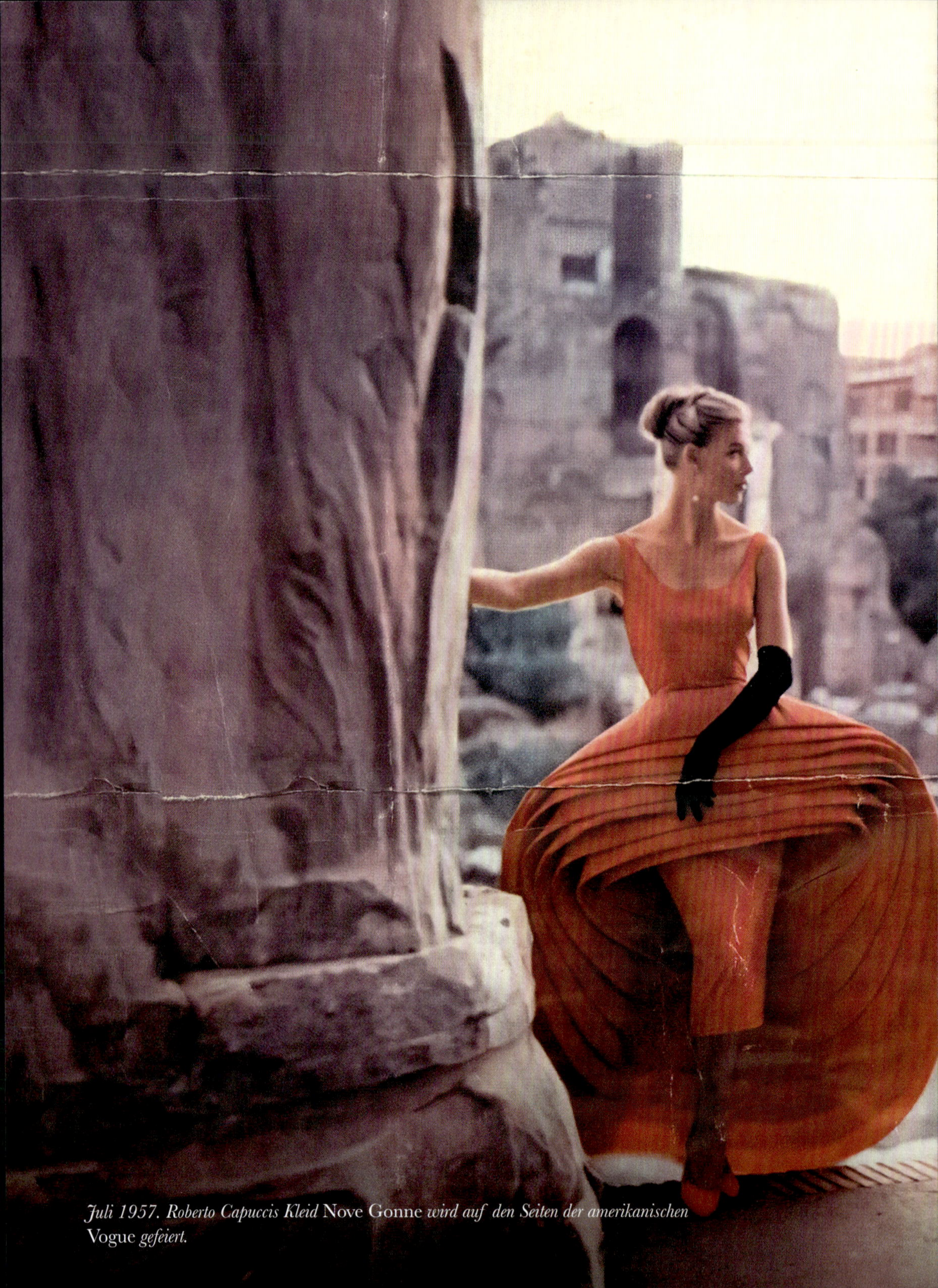

Juli 1957. Roberto Capuccis Kleid Nove Gonne *wird auf den Seiten der amerikanischen* Vogue *gefeiert.*

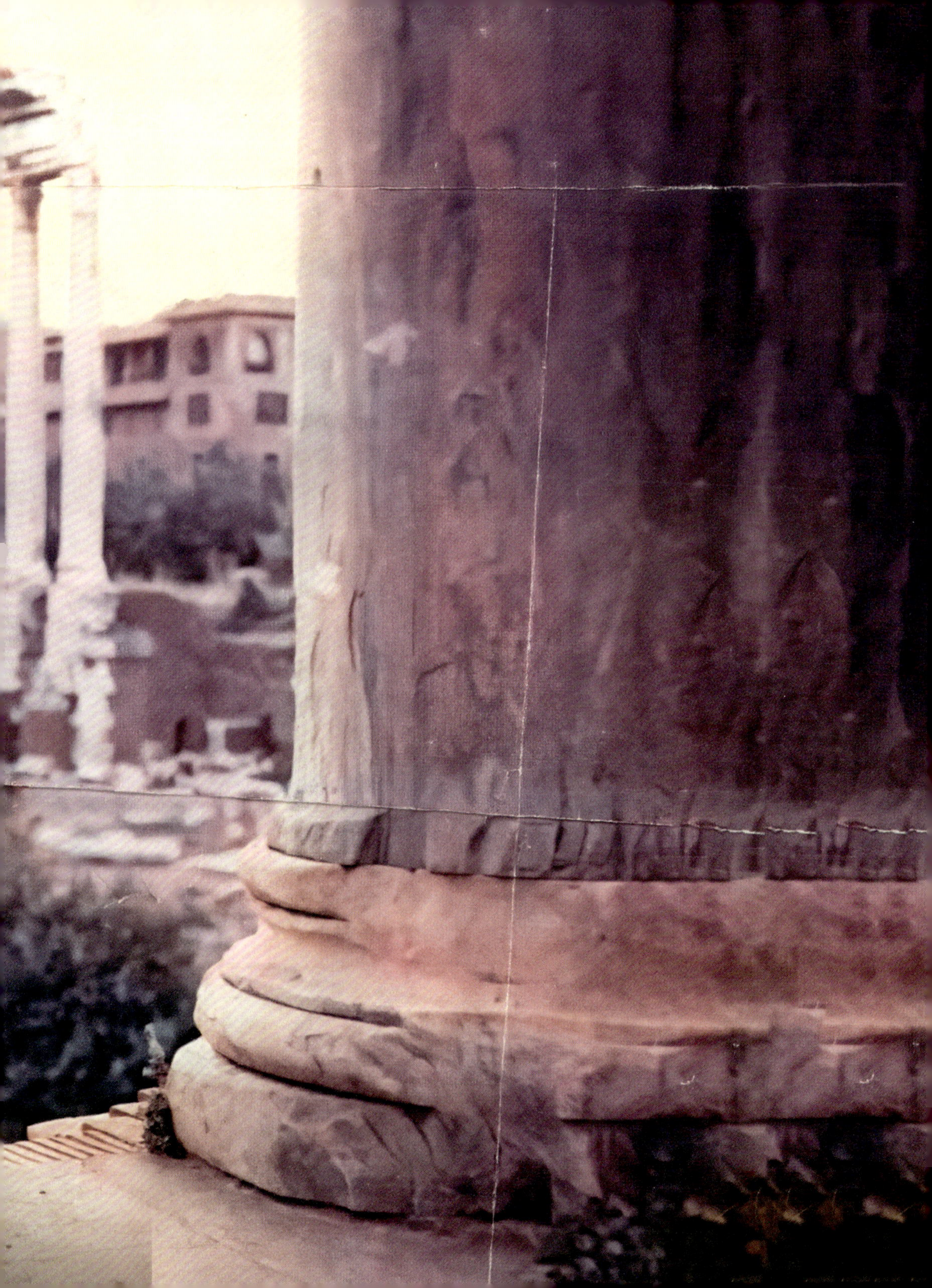

Qualitätskleidung mit einem zwangloseren und jugendlicheren Geschmack, dem Pin up Stil, der durch kurze Hosen und in der Taille gebundene Hemden, Kopftücher im Haar und, für die Jungen, durch James Dean und Marlon Brando inspirierte Rock-'n'-Roll-Modelle mit Lederjacke, Jeans, T-Shirt und Brillantine im Haar gekennzeichnet ist. In England verbreitet sich hingegen der Teddyboy-Look, eine Subkultur, in der Jungen immer elegant auftreten. 1959 eröffnet Valentino sein Atelier in Rom, während Irene Galitzine mit ihrer ersten Kollektion debütiert. Im folgenden Jahr wird sie mit der Erfindung des Palazzo-Pyjamas berühmt, der von Diana Vreeland getragen und weltweit verbreitet wird. In New York glänzt neben einer neuen Generation von Kreativen wie Claire McCardell auch Jacqueline Kennedy. 1961 wählt sie Oleg Cassini zu ihrem offiziellen Designer. Ein Jahr später entwirft Cassini die gesamte Garderobe der First Lady für ihren Indienbesuch, was ihr den Spitznamen »Königin von Amerika« (Ameriki Rani) einbringt. 1962, in dem Jahr, als Marilyn in Los Angeles stirbt, befindet sich das Modesystem radikal im Umbruch. In Paris löst Marc Bohan Saint Laurent an der Spitze von Dior ab. 1964 entfesselt der Auftritt der Beatles in der *Ed Sullivan Show* die Beatlemania und bestätigt den Einfluss der Musik auf die Mode: Die New Yorker Subkultur macht Leder als einzigartigen Stoff und Ray-Bans als Indoor-Sonnenbrille salonfähig. In London führt Mary Quant den Minirock ein, während Yves Saint Laurent 1965 in Paris die Mondrian-Kollektion präsentiert, ein Höhepunkt in der Beziehung

1956. Ava Gardner trägt im Atelier der Sorelle Fontana in Rom eine von der spanischen Kultur inspirierte Kreation, eine große Leidenschaft der amerikanischen Diva.

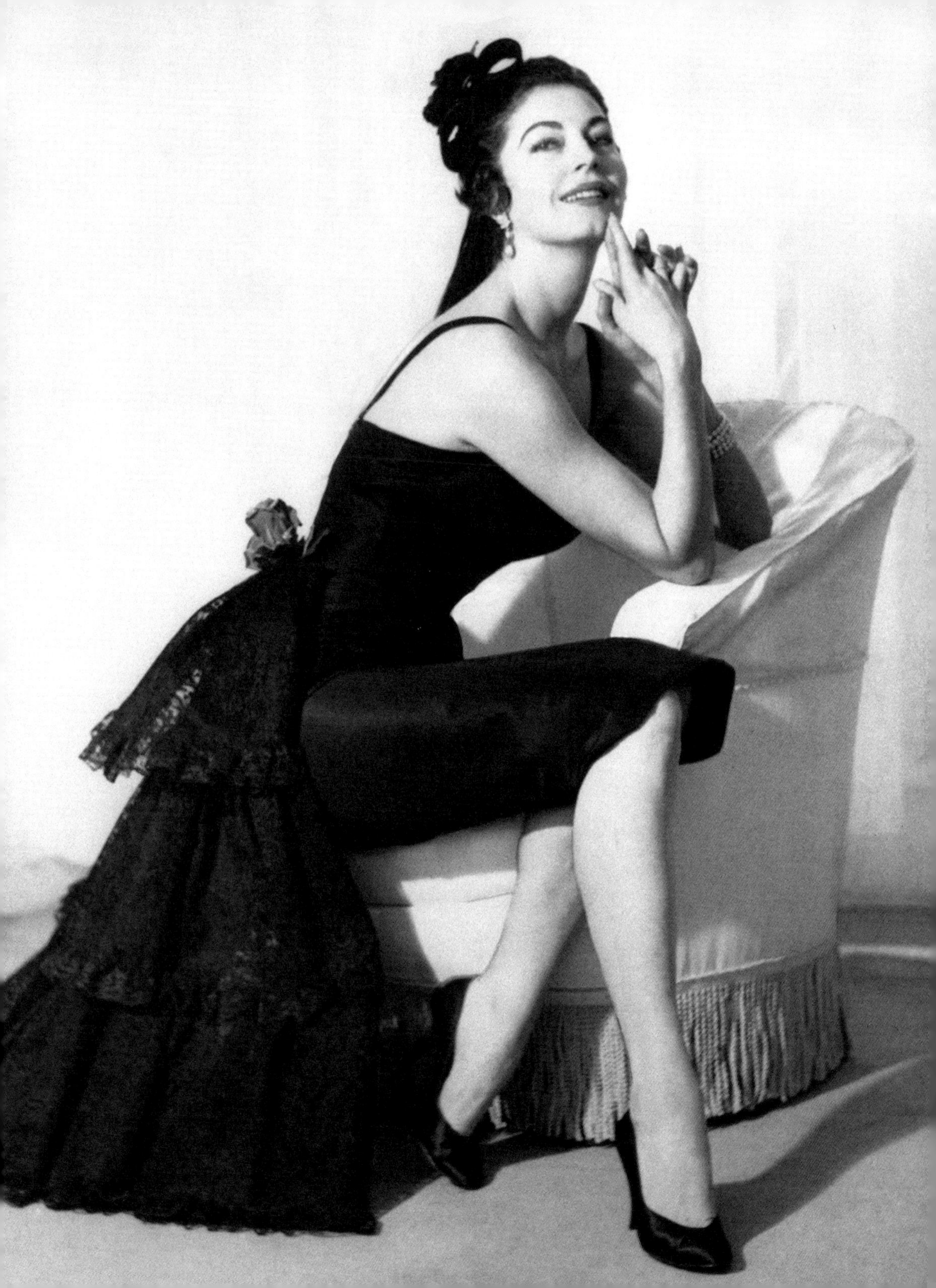

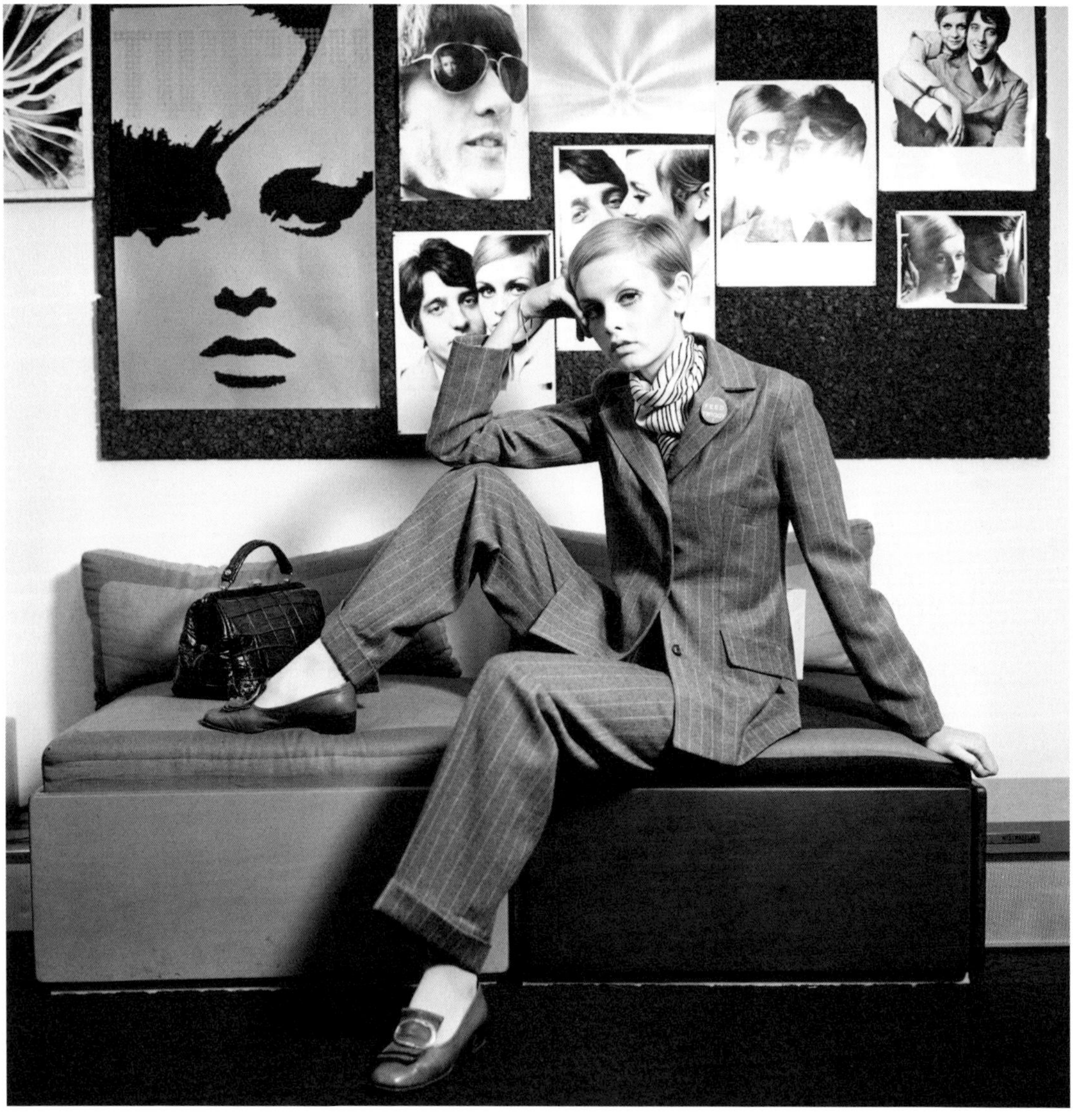

von Kunst und Mode. 1964 präsentiert André Courrèges die Kollektion *Space Age,* die von der Schönheit des Mondes inspiriert ist, und 1966 stellt Paco Rabanne die erste Körperschmucklinie vor, Kleidung aus Plastik- und Metallscheiben. Der Mod-Stil der Beatles aus England prallt auf den Surfer-Stil der Ostküste, während der Grundstein für die Hippie-Gegenkultur gelegt wird. Die Zurschaustellung von Luxus und eleganter Haute Couture weicht einer praktischeren Mode, die ab Mitte der 1960er-Jahre von einer wachsenden Jugendgemeinde gefordert wird. »Die Engländer sind da!«, ruft Diana Vreeland aus, als sie das Model Jean Shrimpton und den Fotografen David Bailey in ihrem *Vogue*-Büro in New York empfängt. Das neue Schönheitsmodell ist nicht mehr die wohlgeformte und sinnliche Frau, die im letzten Jahrzehnt von Marilyn selbst verkörpert wurde. Jetzt schauen die Mädchen auf die schlanke Twiggy und die neue britische Invasion.

19. Mai 1967. Twiggy (Lesley Hornby) präsentiert ein Modell aus der Twiggy Dresses Fashion Collection.

»Billy [William Travilla], Schatz, bitte zieh mich für immer an. Ich liebe dich, Marilyn.«

Marilyn Monroe

Marilyns Stil

Marilyn, die Schauspielerin, Marilyn, der verbotene Traum, Marilyn, die Sünderin, Marilyn, die Blondine. Marilyn, die Stilikone.

Es gibt keine berühmtere und besser erforschte Figur als Marilyn Monroe, eine leibhaftige Venus, die bis ins kleinste Detail ihres Lebens unter die Lupe genommen wurde, von ihren Liebschaften bis zu den Enttäuschungen und dem Geheimnis ihres Todes. Bei all den möglichen Lesarten ihrer Figur ist es unbestreitbar, dass sie über die Jahre hinweg Einfluss im Modebereich ausgeübt hat und dies immer noch einen der beliebtesten Aspekte ihrer Figur darstellt. Marilyn war schon immer eine Popikone, die zunächst von großen Fotografen wie André De Dienes, Cecil Beaton, Bert Stern, Richard Avedon, George Barris und ihrem Freund Milton H. Greene verewigt und dann von Andy Warhol in ein zeitloses Kunstwerk verwandelt wurde, der seine berühmte Serie *American Icons* mit der seriellen Reproduktion ihres Gesichtes einleitete.

Die Details von Marilyns Gesicht, das Make-up, ihre Leidenschaft für das Parfüm Chanel N°5, die Wahl der Schnitte, die ihren großzügigen und sinnlichen Körper betonten, ihre Vorliebe für Schuhe und Absätze, die ihren katzenhaften Gang unterstrichen, sind Merkmale eines unverwechselbaren Stiles, der bis heute eine unerschöpfliche Inspirationsquelle für ganze Modekollektionen darstellt. Seit Mitte der 1980er-Jahre herrscht eine regelrechte »Marilyn-Manie«, auch dank der zahlreichen Neuinterpretationen durch zeitgenössische Designer der historischen Kreationen von William Travilla, Oleg Cassini, Norman Norell, Jean Louis und den Italienern Salvatore Ferragamo und Emilio Pucci, die mit ihr unsterbliche Trends lanciert haben. Styles, die speziell für den Mythos und die Figur der Marilyn entworfen wurden, die in Wirklichkeit aus der Verwandlung der Frau Norma Jeane Mortenson Baker hervorgegangen ist.

»Ich trug Marilyn wie einen Schleier, über Norma Jeane.«

Circa 1951. Marilyn Monroes Maße werden in einer Modezeitschrift gefeiert:
166 cm Körpergröße auf 53 kg Körpergewicht. Hals: 34 cm; Brust: 94 cm; Taille: 59 cm; Hüften: 95 cm; Oberschenkel: 49 cm; Wade: 33 cm.

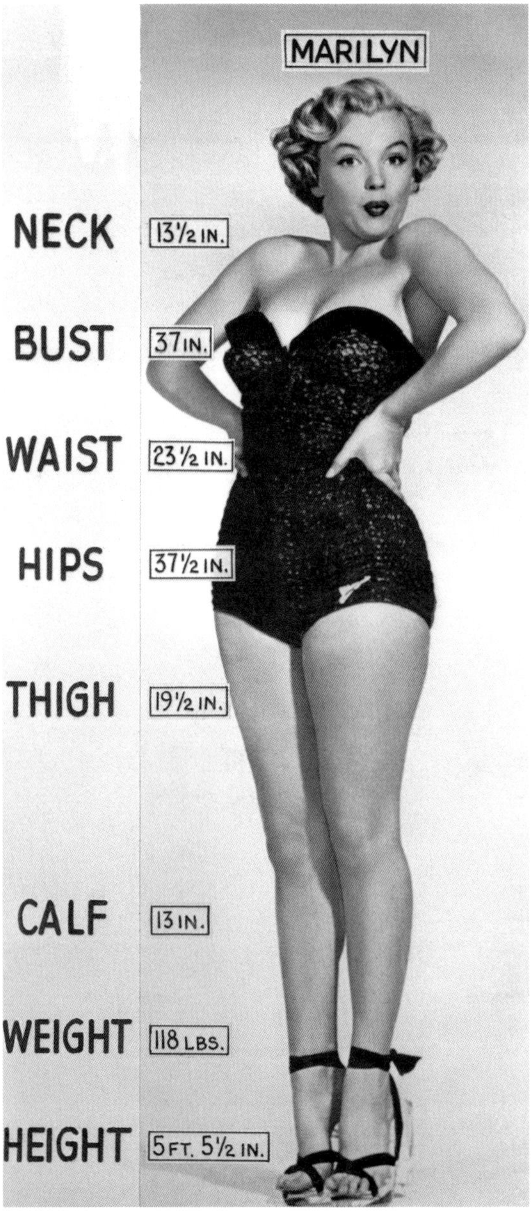
MARILYN
NECK
13½ IN.
BUST
37 IN.
WAIST
23 ½ IN.
HIPS
37½ IN.
THIGH
19½ IN.
CALF
13 IN.
WEIGHT
118 LBS.
HEIGHT
5 FT. 5½ IN.

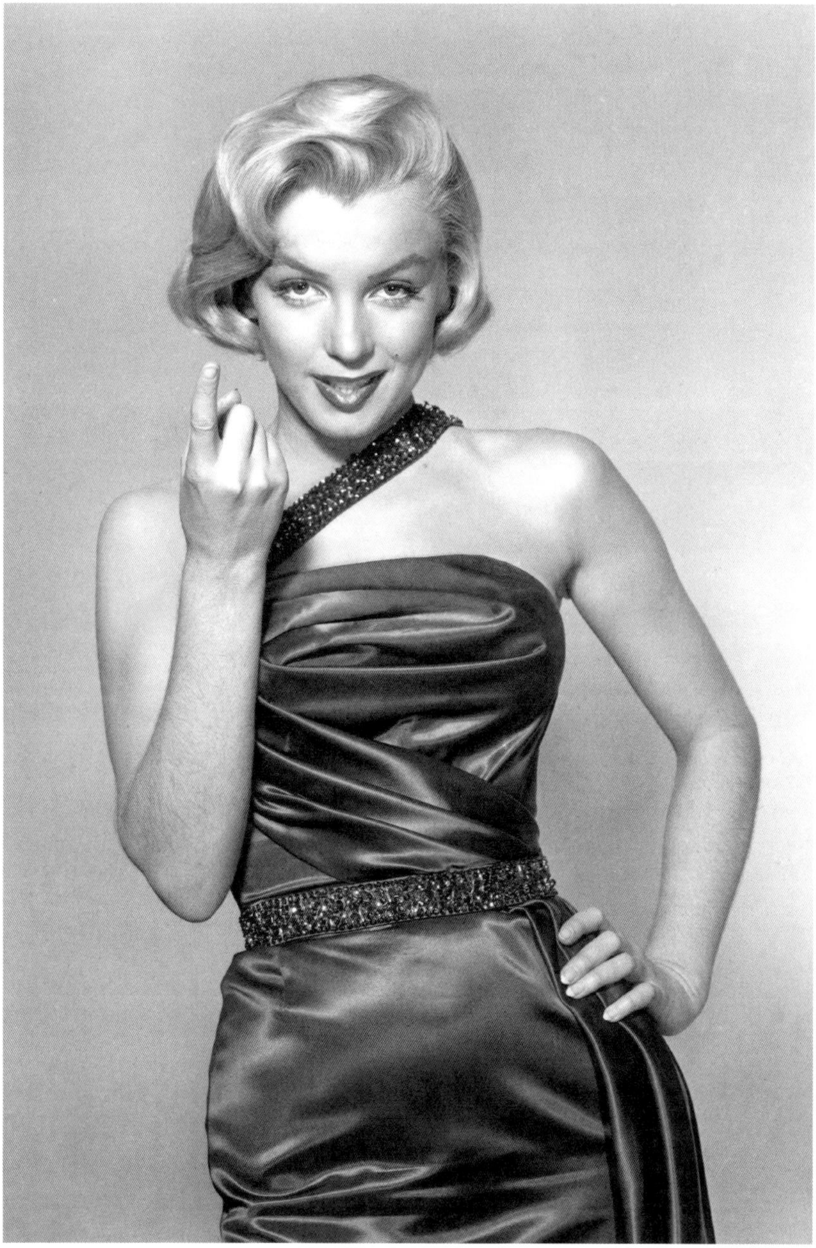

Norma Jeane ist eine hübsche Brünette mit langem, widerspenstigem, lockigem Haar. Sie hat einen üppigen, harmonischen Körper, der an eine Sanduhr erinnert. Die Brüste sind nicht übermäßig ausladend, die Taille ist schlank, die Hüften sind ausgeprägt, die Beine sind nicht lang, aber wohlproportioniert. Zu den Stärken ihres Gesichtes zählen ihr strahlendes Lächeln sowie ihre großen, klaren Augen und die perfekt gezeichneten Lippen. Norma Jeane verführt, ohne besonders originell zu sein, denn sie gehört zum Prototyp des amerikanischen Pin-up-Girls, weshalb sie 1945 David Conover auffällt, der, wie bereits erwähnt, unter den Frauen der Arbeiterklasse modische Schönheiten für die Titelseiten der Zeitschrift *Yank* sucht. Die Verwandlung des Pin-up-Girls Norma Jeane in die ikonische Marilyn Monroe ist tiefgreifend und bis ins kleinste Detail durchdacht: Zwei Operationen sind nötig, um ihr Kinn und ihre Nase neu zu formen, ihr Haar wird gebleicht und anschließend gekürzt und darf nicht mehr über die Schultern hinauswachsen, ihr Make-up ist akkurat und ihr Gang bedächtig. Diesem Image verdankt sie ihren überwältigenden Erfolg, und Norma-Marilyn ist sich dessen schmerzlich bewusst: Sie wird ständig darum kämpfen, ihre schauspielerischen Fähigkeiten jenseits ihres Status als dralle Blondine zu beweisen. Gleichzeitig gelingt es ihr jedoch, ihren Stil und ihr Image so weit zu perfektionieren, dass sie unsterblich wird: Sie überlässt nichts dem Zufall, Norma Jeanes Spontaneität wird Marilyn Monroes Ruhm geopfert.

1953. Marilyn in einer Szene aus Wie angelt man sich einen Millionär?

Die erste Stärke, an der sich die Bildsprache des Monroe-Stiles definiert, ist gerade die Betonung ihres Körpers und der Formen, die man heute als kurvig bezeichnen würde. Weich, butterweich und sinnlich, etabliert sie einen Kult um ihren nackten Körper, wohl wissend, dass es am effektivsten ist, sich auszuziehen, was sie lange Zeit auch tut: »Der Körper ist dazu da, um gesehen zu werden, nicht um ihn zu bedecken«, wiederholt sie oft, und in ihrer Autobiografie erinnert sie sich: »Wenn ich als Kind die Kirche betrat und die Orgel zu spielen begann, überkam mich der Drang, mir alle Kleider vom Leib zu reißen. Und nackt zu bleiben.«
Die Fotoshootings, bei denen sich Marilyn wohlzufühlen scheint und womit sie uns Bilder von einzigartiger Kraft hinterlässt, sind genau jene, bei denen sie mit der Durchsichtigkeit von Schleiern, Stoffen und Tüchern spielt, wie in Bert Sterns *Last Sitting* und bei den Aufnahmen von Douglas Kirkland.

Infolge dieses Bedürfnisses nach Nacktheit sucht sie krampfhaft nach Kleidern und Designern, die in der Lage sind, durch Enthüllung zu bedecken. Trägerlose Kleider, extrem eng anliegend wie eine zweite Haut, auch wenn ihre Figur nicht perfekt ist, da sie immer wieder sprunghaft zu- und abnimmt. Es heißt, dass sie in Hollywood für ihre Reaktion auf jede erste Anprobe berühmt war: »Noch enger! Noch enger!«, wiederholte sie. Dies erklärt auch Marilyns große Leidenschaft für den italienischen Designer

1956. Roberto Capuccis Entwurf für das superenge Kleid für Marilyn Monroe.

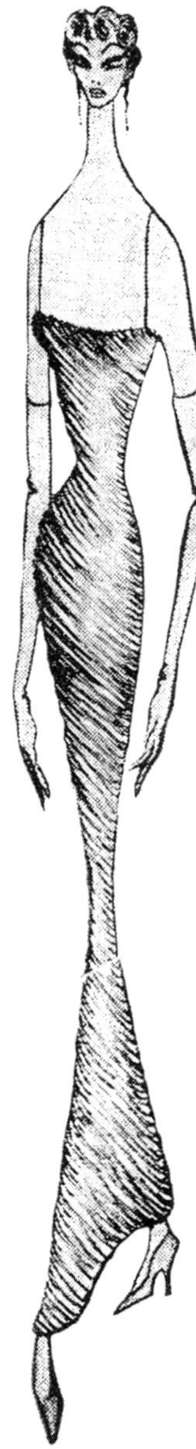

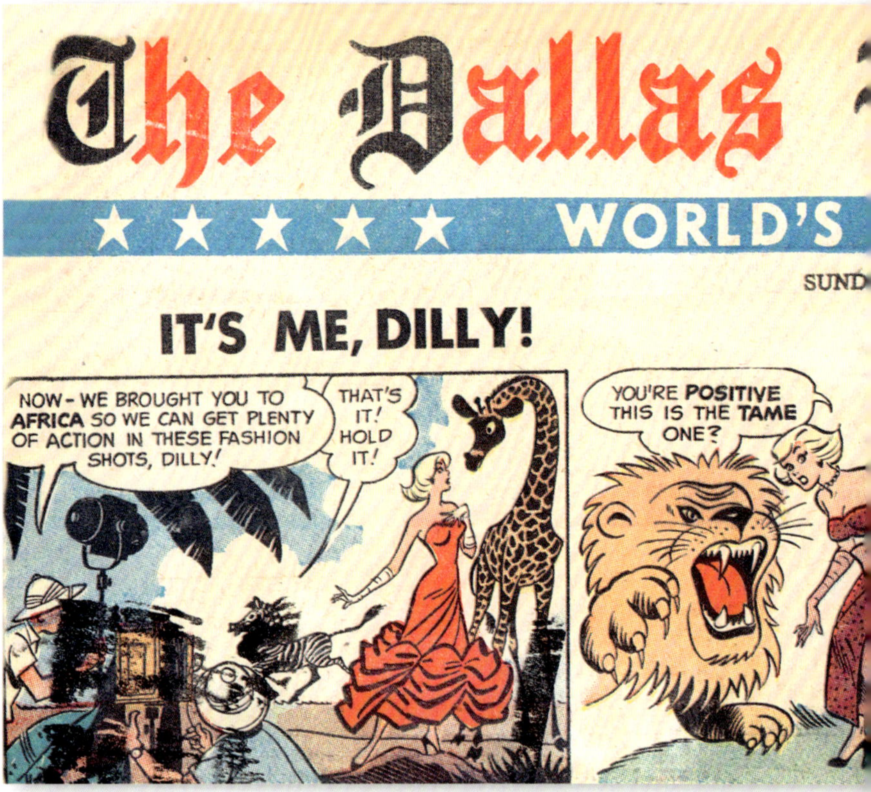

24. November 1957. Comicstrip aus The Dallas Morning News, *in dem Marilyn mit Roberto Capuccis berühmter Kreation, dem Kleid* Nove Gonne, *auftritt.*

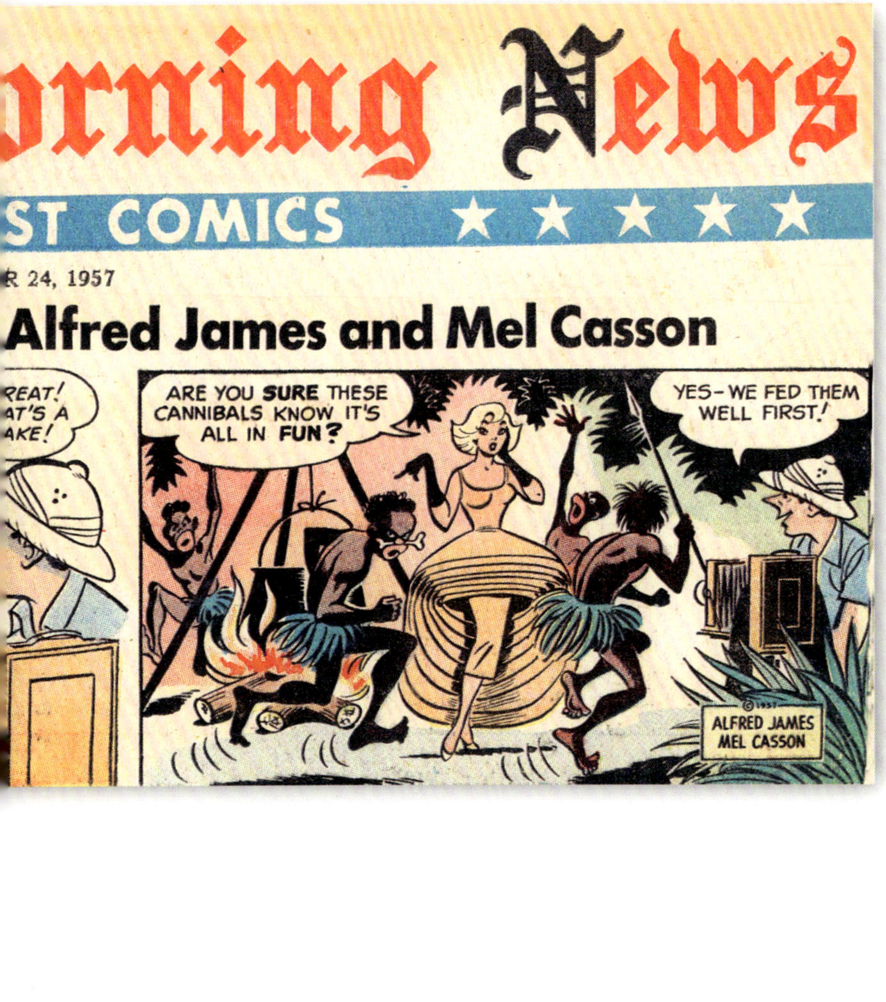
orning News
ST COMICS
R 24, 1957
Alfred James and Mel Casson
REAT! AT'S A AKE!
ARE YOU SURE THESE CANNIBALS KNOW IT'S ALL IN FUN?
YES-WE FED THEM WELL FIRST!
©1957 ALFRED JAMES MEL CASSON

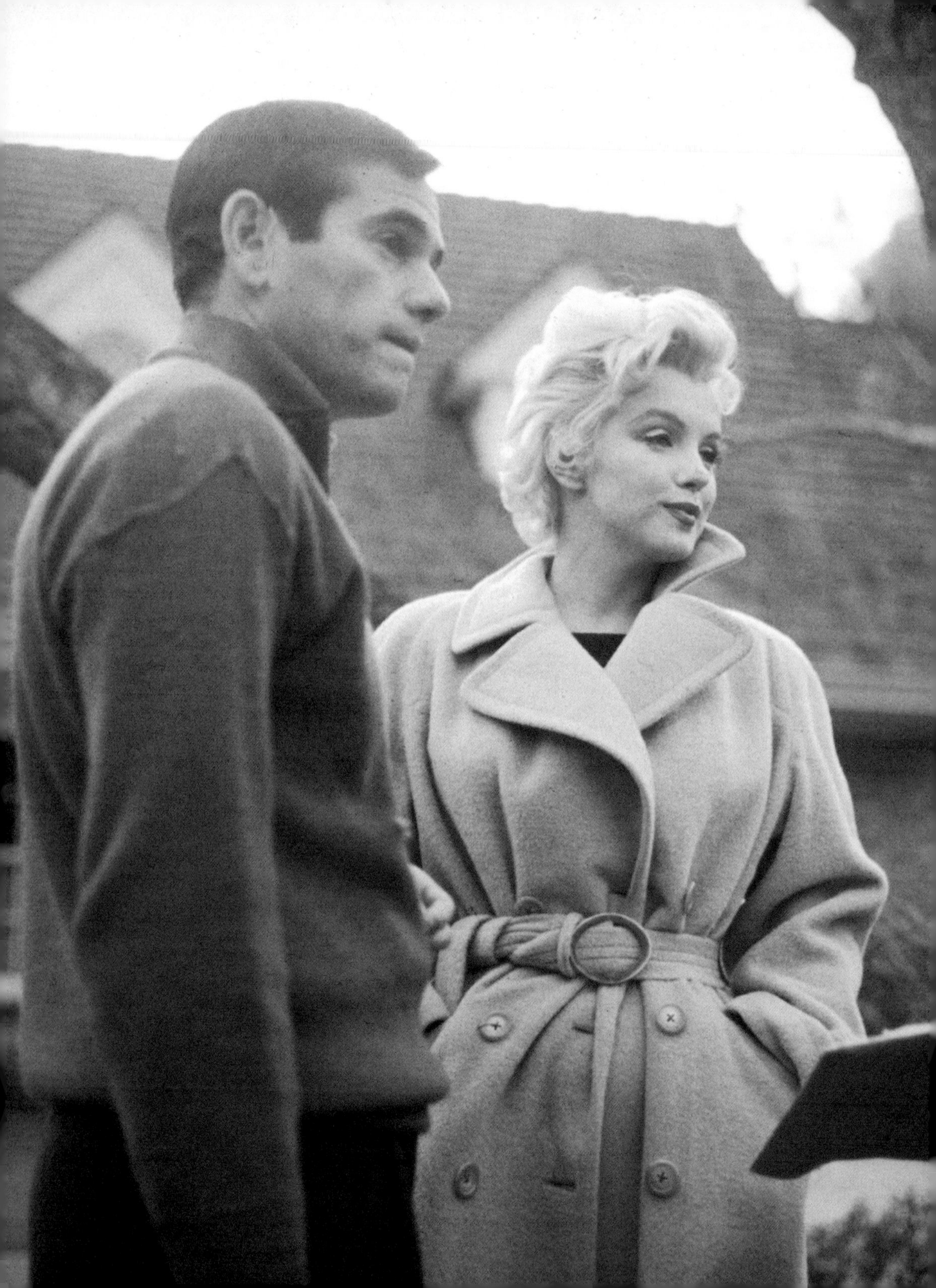

Roberto Capucci, den sie 1956 durch den gemeinsamen Freund Milton H. Greene kennenlernt. Im März desselben Jahres schreibt Gwen Robyns in den Spalten der *Times,* dass die Schauspielerin dank Milton H. Greene und Loredana Pavone, einer Mitarbeiterin Capuccis, die Arbeit von Roberto Capucci kennenlernte, und scherzt, »der junge schwarzäugige Junge der italienischen Mode« hätte die Pariser ausgestochen und würde jetzt die Diva einkleiden, die »bis jetzt von amerikanischen Designern eingekleidet wurde«. Capucci kommt 1952 in die USA, aber der amerikanische Ruhm stellt sich erst im August vier Jahre später ein, nachdem er einige Kleidungsstücke auf einer Tournee durch 14 Städte präsentiert hat und im selben Jahr die Hollywood-Diva Esther Williams seinen innovativen Rock *Nove Gonne* gekauft hat. Das Kleid wird in Amerika zu einer Ikone, derart, dass 1957 eine Zeichentrickversion von Marilyn in einem Comic von Alfred James und Mel Casson für *The Dallas Morning News,* der Monroe gewidmet ist, Capuccis Kreation trägt.

1956 bringt Milton H. Greene einige Zeichnungen aus Rom nach Hollywood mit, die der italienische Designer eigens für Monroe angefertigt hat, zusammen mit Stoff- und Farbmustern. Wie Robyns berichtet, applaudiert Marilyn, als sie die Skizze des superengen Abendkleids aus cremefarbenem drapiertem Chiffon sieht, und bestellt sofort auch eine anthrazitfarbene Version. Eine Schaufensterpuppe mit Marilyns Maßen kommt in Rom an, und

1956. Marilyn Monroe, die einen ihrer berühmten Maximäntel trägt, in Begleitung des Fotografen Milton H. Greene.

Loredana Pavone fährt zu den Anproben nach Los Angeles. Nach einer ersten Anprobe schickt Marilyn das Kleid zurück, um es noch enger machen zu lassen, und wählt später andere Modelle, die diesem Stil immer ähnlich bleiben, drapiert, mit vom Körper abstehenden Quasten und vor allem so eng, dass sich die Diva nicht einmal setzen kann; darum werden kurz darauf kleine Öffnungen an den Hüften entworfen, um ihr zumindest das Gehen zu ermöglichen.

Aber von all den Kreationen, die treue Modeschöpfer im Laufe der Jahre für Marilyn entwerfen, ist das Kleid, das am ehesten ihr Bedürfnis nach Nacktheit widerspiegelt, sicherlich der *Skin and Beads Dress* des Kostüm- und Modeschöpfers Jean Louis (der Rita Hayworth in *Gilda* einkleidet), das Marilyn bei der 45. Geburtstagsfeier John F. Kennedys am 19. Mai 1962 in New York trägt. Es kostet 12.000 Dollar und wird für 4,8 Millionen versteigert. Man bezeichnet es als »das berühmteste Kleid des 20. Jahrhunderts, eine wunderbare Verbindung von Pop-Art, Politik und Liebe«. Es handelt sich um einen transparenten Schleier aus Tüll, besetzt mit kleinen Kristallen. Eine vollkommene und sehr zerbrechliche Schöpfung, die keinerlei Unterwäsche zulässt, Marilyn buchstäblich auf den Leib geschneidert. Ein Produkt von absoluter Reinheit, von der Diva selbst so gewünscht, damit ihr Auftritt auf der Bühne des Madison Square Garden so unglaublich wird, dass die Leute wachgerüttelt werden. »Die Idee hinter diesem Kleid war, dass sie im Grunde genommen nackt war, nur mit Diamanten bedeckt. Das hat sie sich gewünscht«, bestätigt Bob Mackie. Und so

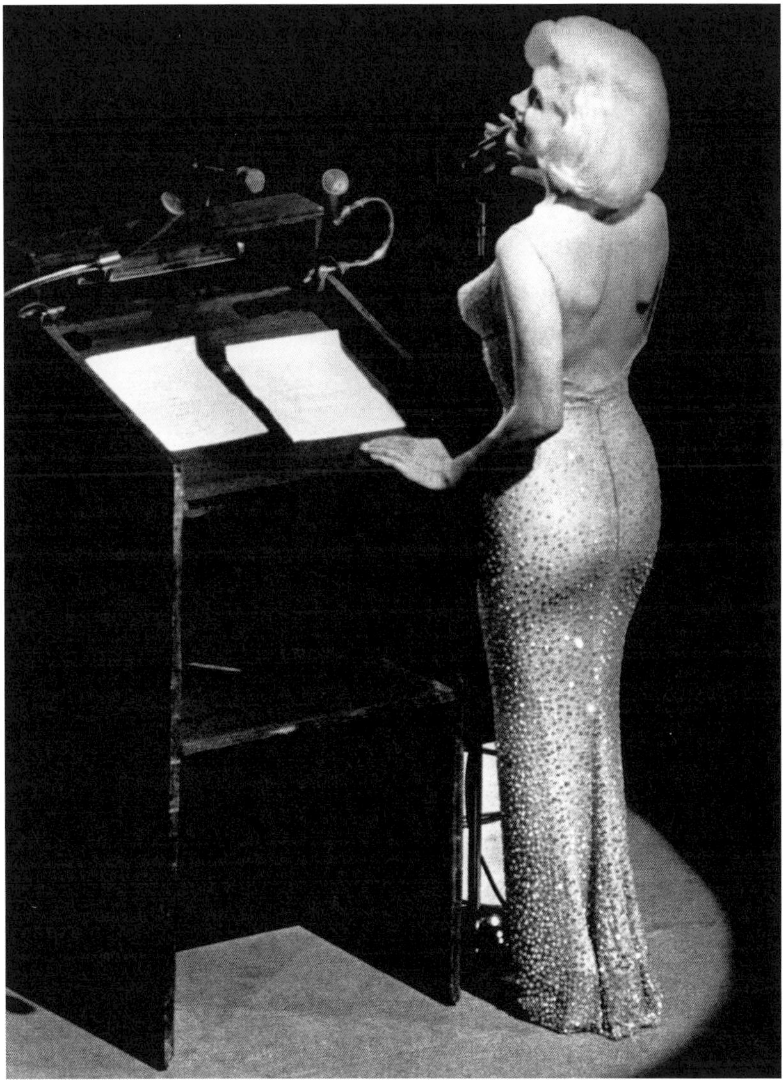

19. Mai 1962. Marilyn Monroe, auf der Bühne des Madison Square Garden, singt Happy Birthday *für John F. Kennedy.*

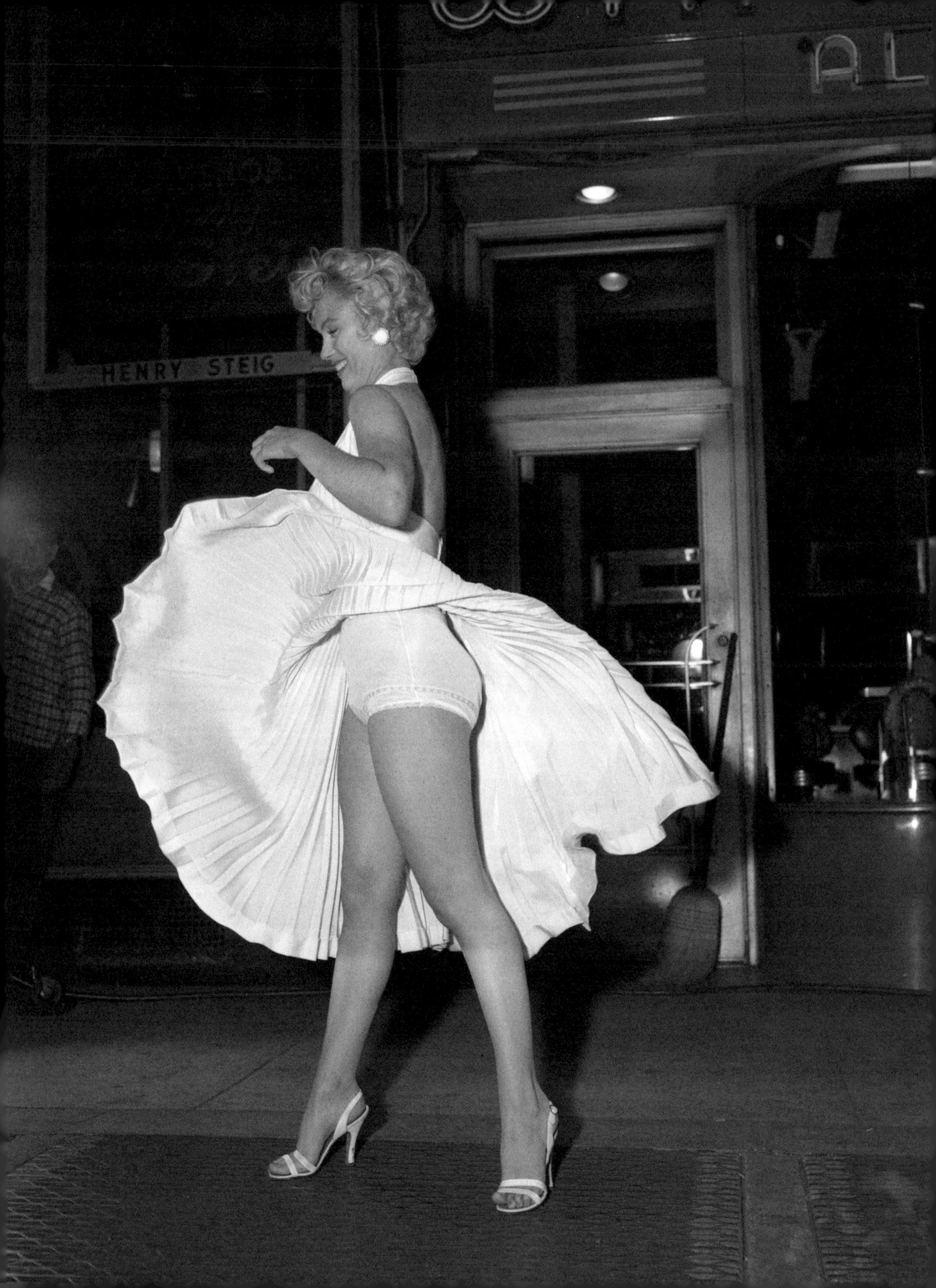
HENRY STEIG

ist es auch! Am Abend des 19. Mai 1962, als Marilyn auf der Bühne erscheint und lässig ihre Aufmachung zur Schau stellt, erreicht sie den Höhepunkt ihrer Sinnlichkeit. Und Bob Mackie wird ihr 29 Jahre später mit einem Kleid, das Madonna 1991 bei der Oscarverleihung trägt, seine Reverenz erweisen.

Den Rekord für das teuerste Kleid der Geschichte stellt jedoch nicht dieses Kleidungsstück auf, auch wenn dieser Rekord immer noch mit Marilyns Namen verbunden ist. Im Jahr 2011 wird das Symbol für alles, was die Schauspielerin je verkörpert hat, für 5,5 Millionen Dollar versteigert: das weiße Kleid, das sie 1955 in *Das verflixte 7. Jahr* trug und das von dem Kostümbildner entworfen wurde, der ihren Stil am meisten geprägt hat: William Travilla. In der Szene über dem Lüftungsschacht wiederholt sich der Kontrast zwischen nackt und bekleidet, bedeckt und unbedeckt: Das an sich nicht besonders eng anliegende Kleid wird durch den Wind zu einem Instrument der Verführung, dessen Effekt auf der Bewegung des Stoffes um die Beine herum beruht, dem eigentlichen Bild des Konzeptes von Sexyness. Wie in anderen sehr seltenen Fällen auch verbindet man »das kleine Kleid«, wie Travilla selbst es nennt, untrennbar mit Marilyn, was ihren Mythos weiter belebt. Das richtige Kleid für die richtige Figur im richtigen Film. Das Design des elfenbeinfarbenen Cocktailkleids ist im Grunde recht schlicht, mit einem tiefen Ausschnitt, der im Nacken geschlossen ist, und einem langen Plisseerock. Im Gegensatz zum

3. Juni 1955. Marilyn Monroe trägt ein weißes Plisseekleid bei den Dreharbeiten zum Film Das verflixte 7. Jahr.

Skin and Beads Dress ist in diesem Fall nicht die Verarbeitung oder die Kostbarkeit des Entwurfes ausschlaggebend für seine Bedeutung, sondern die kommunikative Wirkung, die Marilyn auf der Bühne erzielen kann und mehr noch durch die Aufnahmen am Set, die in die Geschichte eingehen.

Wie im vorangegangenen Fall trägt ein weiterer Aspekt dazu bei, dass ein paar Meter Stoff viel mehr sind als ein Bühnenkleid: Monroes Privatleben, das sehr oft mit dem der von ihr verkörperten Figuren verschmilzt. Hinter dem *Skin and Beads Dress* verbirgt sich eine undurchsichtige Liaison mit dem US-Präsidenten. Das Kleid ist also aufgeladen mit der verführerischen und verstörenden Kraft einer unmöglichen Liebe, die schamlos vor der ganzen Nation zur Schau gestellt wird. Im Fall des Filmes wird das elfenbeinweiße Plisseekleid zum Symbol für Marilyns außer Kontrolle geratene Verführungskraft, die in jenen Jahren zu einer stürmischen, von Besessenheit und Eifersucht geprägten Beziehung zu ihrem Ehemann Joe DiMaggio führt. Im krassen Gegensatz zu den superschlanken Formen und den sexy, tief ausgeschnittenen Kleidern, die Monroe von allen Modeschöpfern verlangt, steht ihre Vorliebe für Wollpullover und dezidierte Maxi-Wickelmäntel, die in der Taille mit hohen Gürteln zusammengehalten werden. Zusammen mit ihrer legeren Mode, dem Tragen von Jeans und T-Shirts im Matrosenstil, gehört sie, wie Marlon Brando und James Dean in der Männermode, zu den Stars »mit einem ›gewöhnlichen‹ Körper,

3. Juni 1955. Marilyn Monroe trägt ein weißes Plisseekleid bei den Dreharbeiten zum Film Das verflixte 7. Jahr.

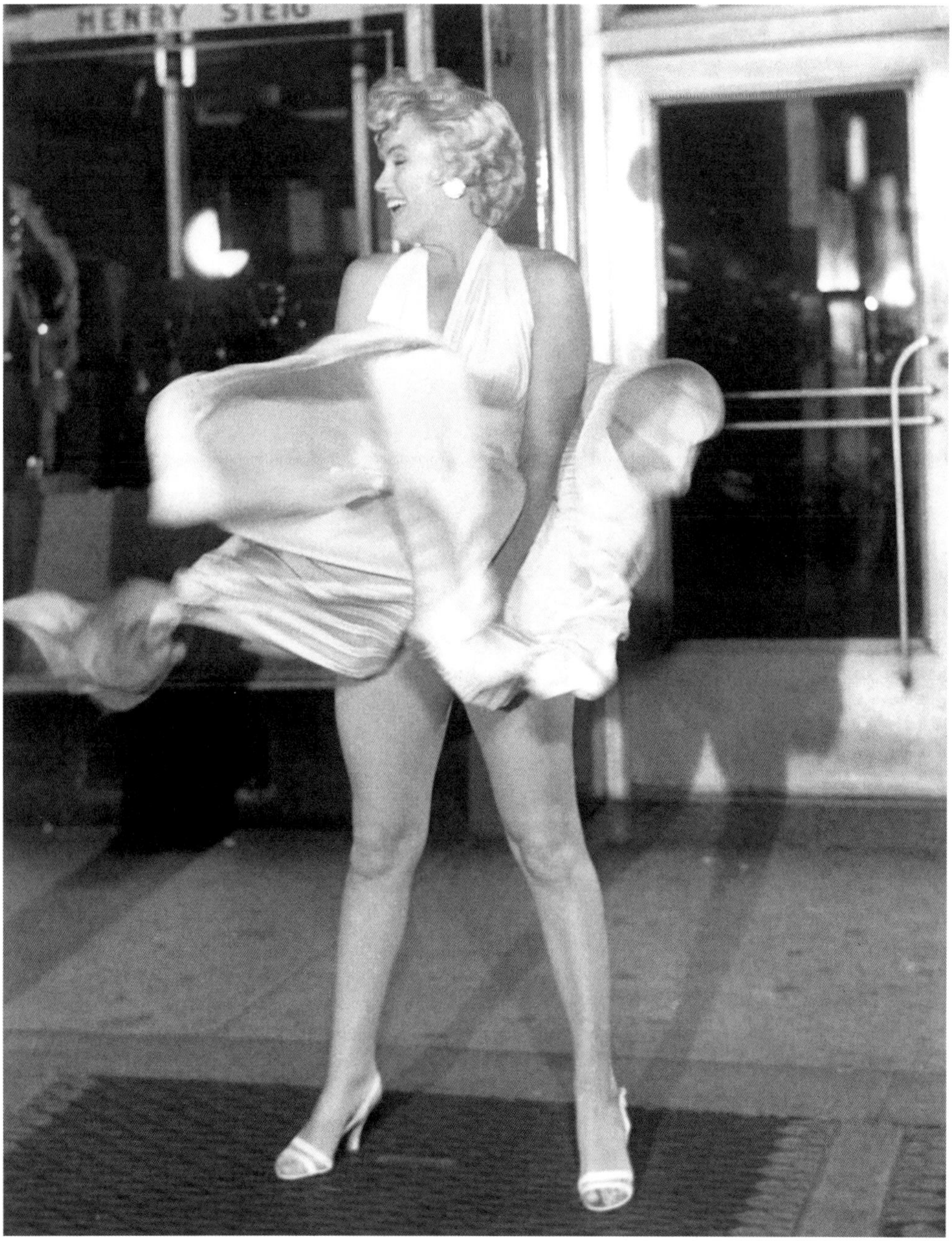
HENRY STEIG

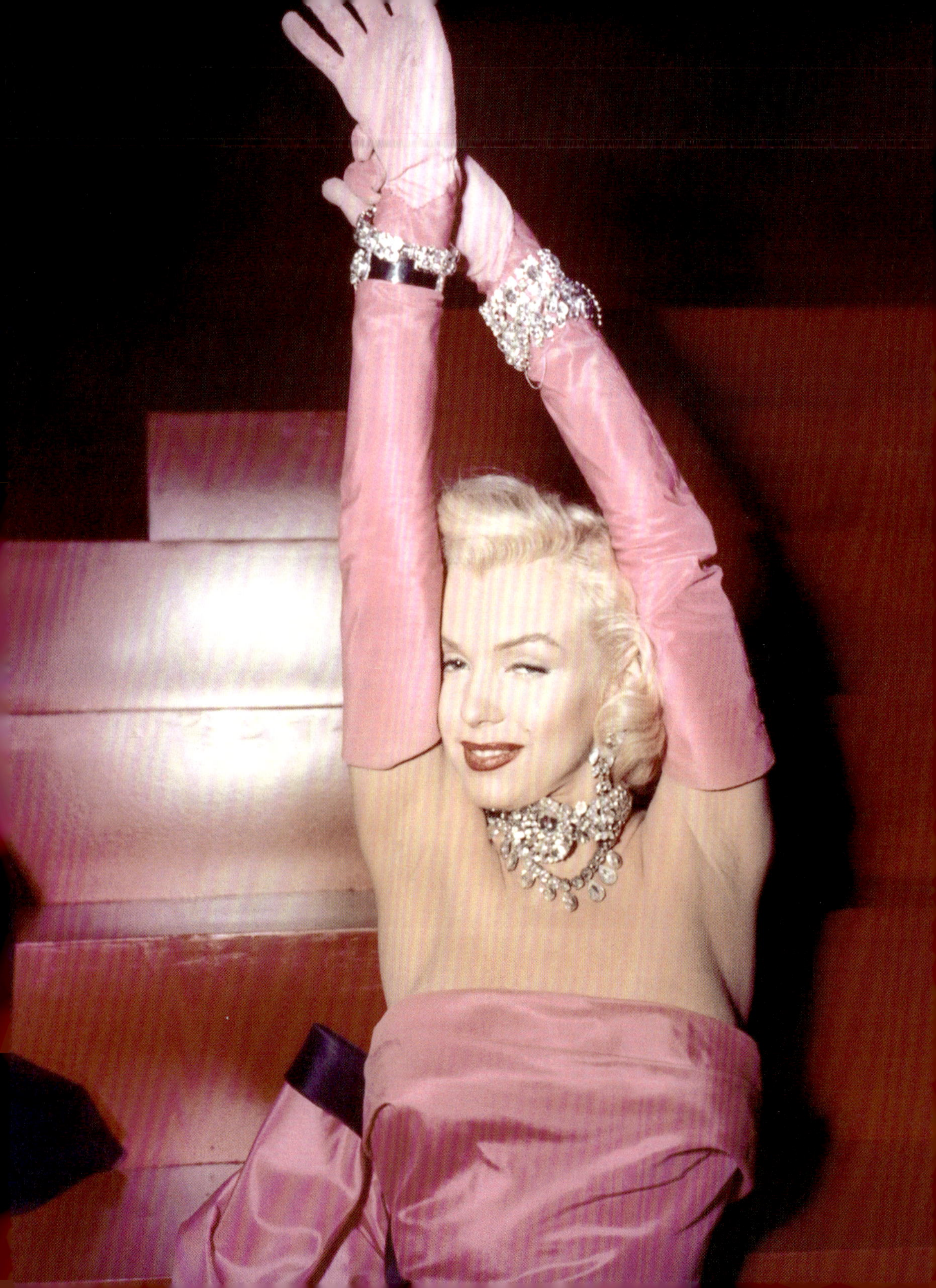

die nicht verführen, weil sie außergewöhnlich sind, sondern weil sie wie wir sind« (Gilles Lipovetsky).

Andererseits ist das von Travilla entworfene Kleid, das Marilyn 1953 bei ihrer Gesangseinlage *Diamonds Are a Girl's Best Friend* im Film *Blondinen bevorzugt* trägt, nicht für einen gewöhnlichen Körper bestimmt. Es ist ein Abendkleid aus Satin mit einer Meerjungfrauenlinie, in einer überwältigenden Farbe: das schockierende Rosa im Schiaparelli-Stil, den Travilla als Symbol der Frivolität wählt, die das *material girl* charakterisieren soll, das Diamanten als einzige Form der Liebe anerkennen kann. Das Dekolleté lässt die Schultern frei, ein Paar passende Handschuhe bedecken die mit funkelnden Juwelen verzierten Arme oberhalb der Ellenbogen, und eine große Schleife auf dem Rücken vervollständigt das Outfit der Diva. Die Linie des Kleides wird durch einen gleichfarbigen Gürtel definiert, der die Taille einschnürt, und einen Seitenschlitz, der es Marilyn erlaubt, ihren schwingenden Gang beizubehalten, der ein wesentlicher Bestandteil der einfachen Choreografie ist, die ihren Auftritt im Film begleitet. Ein Kleid, das zu einer wahren Marilyn-Manie führt: 1985 trägt Madonna im Video zum berühmten Song *Material Girl* ein Kleid mit den gleichen Linien und der gleichen Farbe als persönliche Hommage an Marilyn, und 2018 läuft die Schauspielerin Elsa Hosk in einem von eben diesem Modell inspirierten Kleid von Alberta Ferretti über den roten Teppich in Cannes.

1953. Marilyn Monroe bei den Dreharbeiten zu Blondinen bevorzugt.

Es ist fast unmöglich, sich an all die Schauspielerinnen, Sängerinnen und Sternchen zu erinnern, die versucht haben, Marilyn auf der Bühne oder bei öffentlichen und privaten Anlässen zu verkörpern, andererseits ist es sehr interessant zu beobachten, wie die Modewelt es vorzog, sich von ihrer Persönlichkeit inspirieren zu lassen, um über die reine Nachahmung hinaus Kleidungsstücke vorzuschlagen, die die Stärke der Figur und die Modernität ihrer ästhetischen Entscheidungen feiern. So ist es auch 1995 auf den Seiten von *Harper's Bazaar,* als die Topmodels Nadja Auermann und Linda Evangelista sich mit dem Mythos Marilyn auseinandersetzen.

Nadja Auermann, fotografiert von Patrick Demarchelier und gekleidet von John Galliano, posiert in einem Tutu, das an die Serie *Ballerina* erinnert, in der Marilyn 1954 von Milton H. Greene in einem New Yorker Ballettsaal fotografiert wird. Linda Evangelista, eingekleidet von Gianni Versace, Donna Karan und Gucci, wird von Peter Lindbergh in einigen berühmten Momenten aus Marilyns Leben verewigt. 2011 zollt Dior der amerikanischen Diva Tribut: Das Model Dree Hemingway trägt eine komplett schwarze Kreation, inspiriert von einem Kleid aus einem Bert-Stern-Foto von 1962. Seit 1997 und dann wieder in den Jahren 2001, 2002 und 2009 zollte Barbie, die Popikone des 20. Jahrhunderts schlechthin, Marilyn Tribut. Die berühmteste Modepuppe der Welt erscheint in Monroes berühmtesten Outfits, vom *Skin and Beads Dress* bis

Circa 1958. Marilyn Monroe auf einer Aufnahme, die die Intensität ihrer Gesichtszüge hervorhebt.

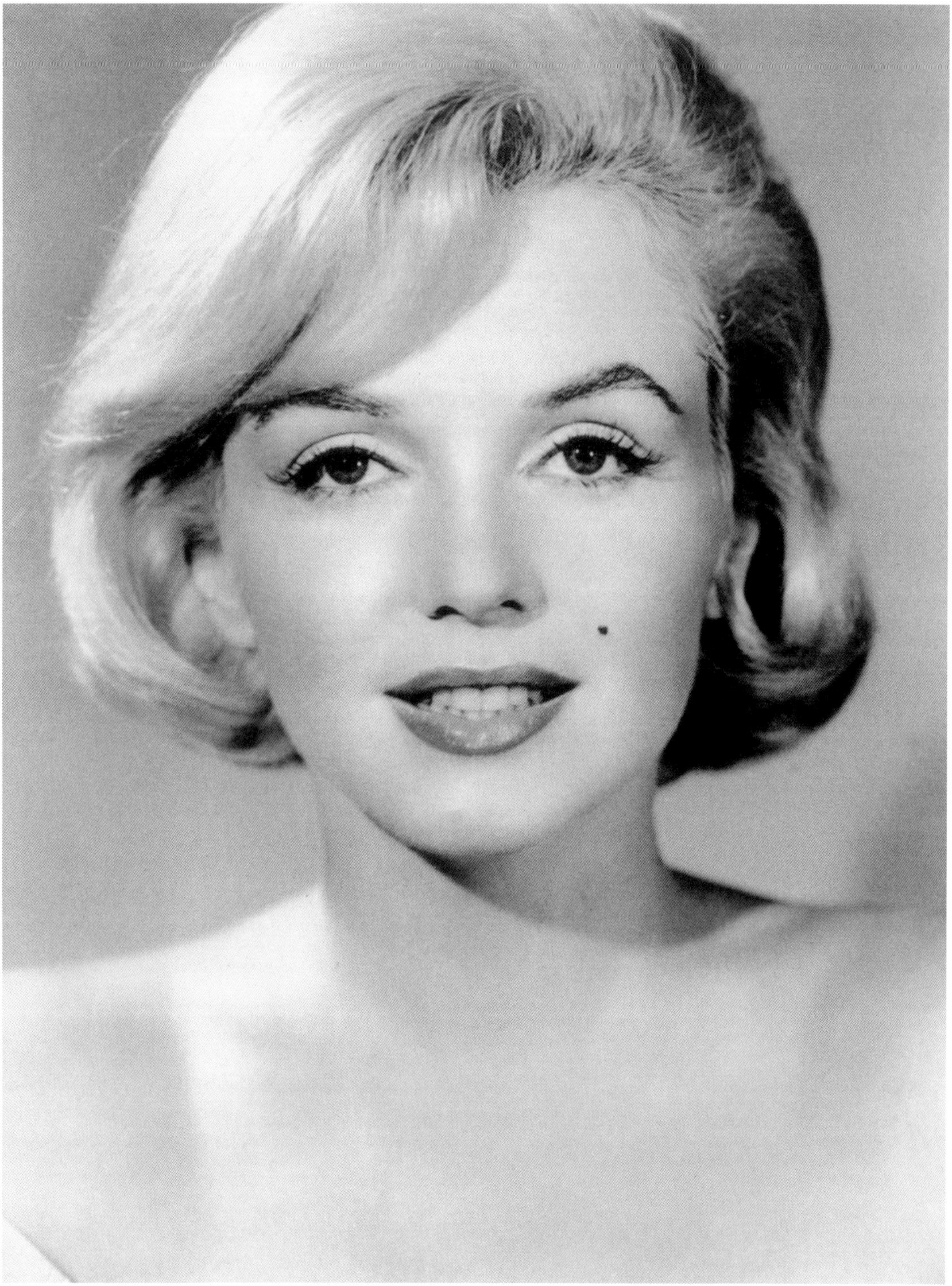

zum elfenbeinweißen Plisseekleid, vom Twinset aus *Wie angelt man sich einen Millionär?* bis zum schockierenden rosa Kleid aus dem Film *Blondinen bevorzugt.*

Die letzte amerikanische Ikone, die Andy Warhol vor seinem Tod porträtiert hat (*BillyBoy* as Barbie,* 1986), trifft auf die erste amerikanische Ikone (erschaffen 1962) des genialen Künstlers. Marilyn ist heute ein Sexsymbol, ein Massenspielzeug, das weltweite Sinnbild für Stil und vor allem ein zeitloses Kunstwerk.

> *»Ich war blond, aber auf meine eigene Art und Weise.«*
>
> Marilyn Monroe

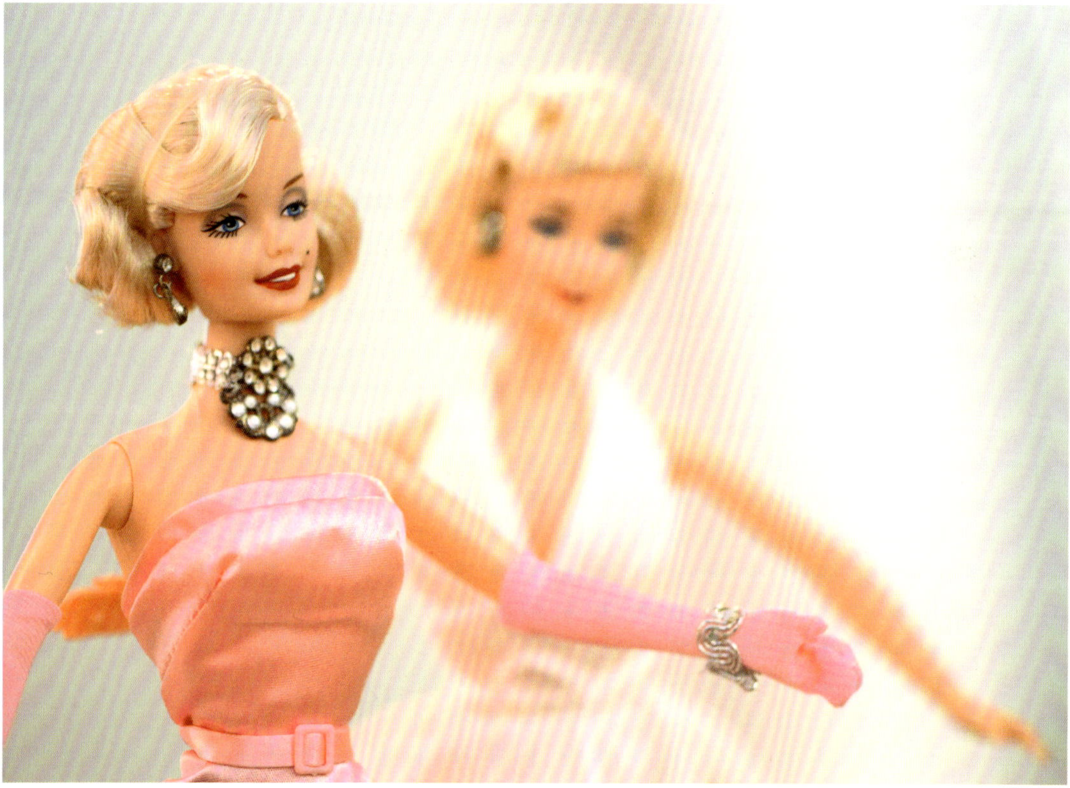

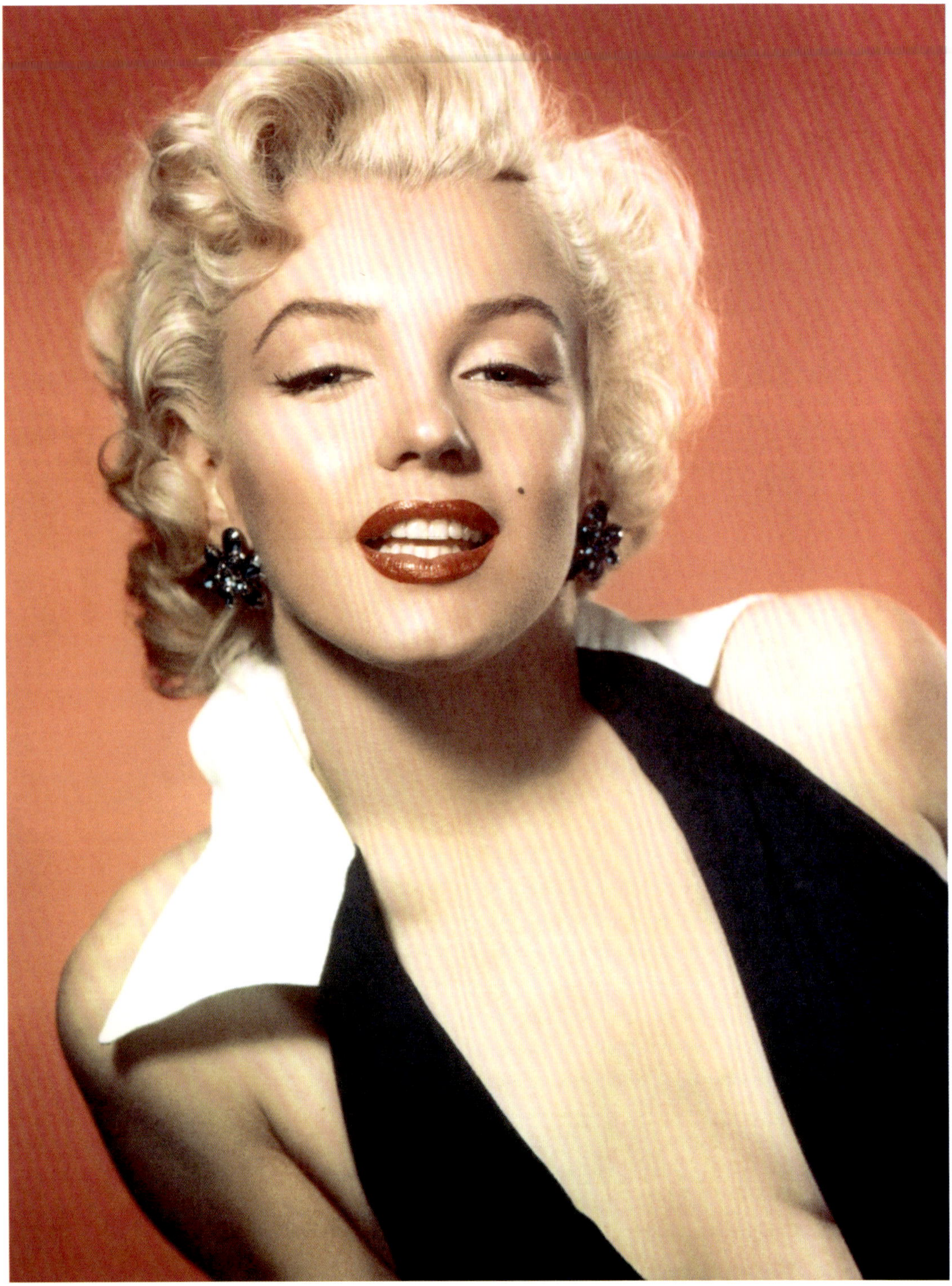

*

»Ich mag es, mich überall blond zu fühlen!« Tatsächlich war Marilyn nirgendwo eine Blondine. Wir wissen, dass der Vorschlag, sich die Haare zu bleichen, von Emmeline Snively, der Leiterin der Blue Book Modeling Agency, stammte. Marilyn blieb immer blond, auch wenn sie immer wieder mit verschiedenen Nuancen spielte, von gold- bis aschblond, von honig- bis weißblond, jenen Effekt, den sie selbst als »dirty pillow slip« bezeichnete. In den letzten Jahren war ihr Haar so peroxidhaltig, dass es weiß und wie Zuckerwatte aussah, was durch die Wella-Spülung Kolestral gemildert wurde. Die Länge blieb während ihrer gesamten Karriere im Wesentlichen unverändert: ein gewellter Schnitt auf Schulterhöhe, mit Seitenscheitel und einem gewellten Schopf. Das Blond passte perfekt zur Blässe ihres Gesichtes, auf die sie stolz war. Um ihren hellen Teint zu bewahren, trug sie gerahmte oder breitkrempige Strandhüte anstatt Seidenschals, um ihren Kopf zu bedecken.

1953. Marilyn Monroe in einer von 20th Century Fox verwendeten Werbeaufnahme.

*

Marilyn war von Natur aus blass und wollte es auch bleiben. Sie pflegte ihre Haut mit manischer Sorgfalt und spülte sich nach Aussage ihres ersten Mannes bei jedem Waschen mindestens 15-mal das Gesicht ab. Anschließend befeuchtete sie es mit mehreren Schichten Nivea-Creme oder Intensiv-Feuchtigkeitscreme von Erno Laszlo und schminkte sich gern im Licht einer 20-Watt-Lampe, da sie im Halbdunkel die markanten Gesichtszüge besser betonen konnte.

Das Make-up wurde auf den blassen Teint aufgetragen, um die runde Form des Gesichtes und der Nase zu verschlanken. Sie verwendete Vaseline als Grundierung, schattierte die Seiten der Nase und hellte die Mitte auf. Von Erno Laszlo trug sie auch eine Grundierung in natürlichem Pfirsichton auf die Haut auf, abwechselnd mit dem Make-up Daydew Ivory Medium, das bis heute von Anita of Denmark vertrieben wird.

Marilyn benutzte auch regelmäßig Kosmetik von Elizabeth Arden und bevorzugte Pat-a-Crème-Make-up, dunkelbraunen Eyeliner

1948. Marilyn Monroe beim Auftragen von Make-up.

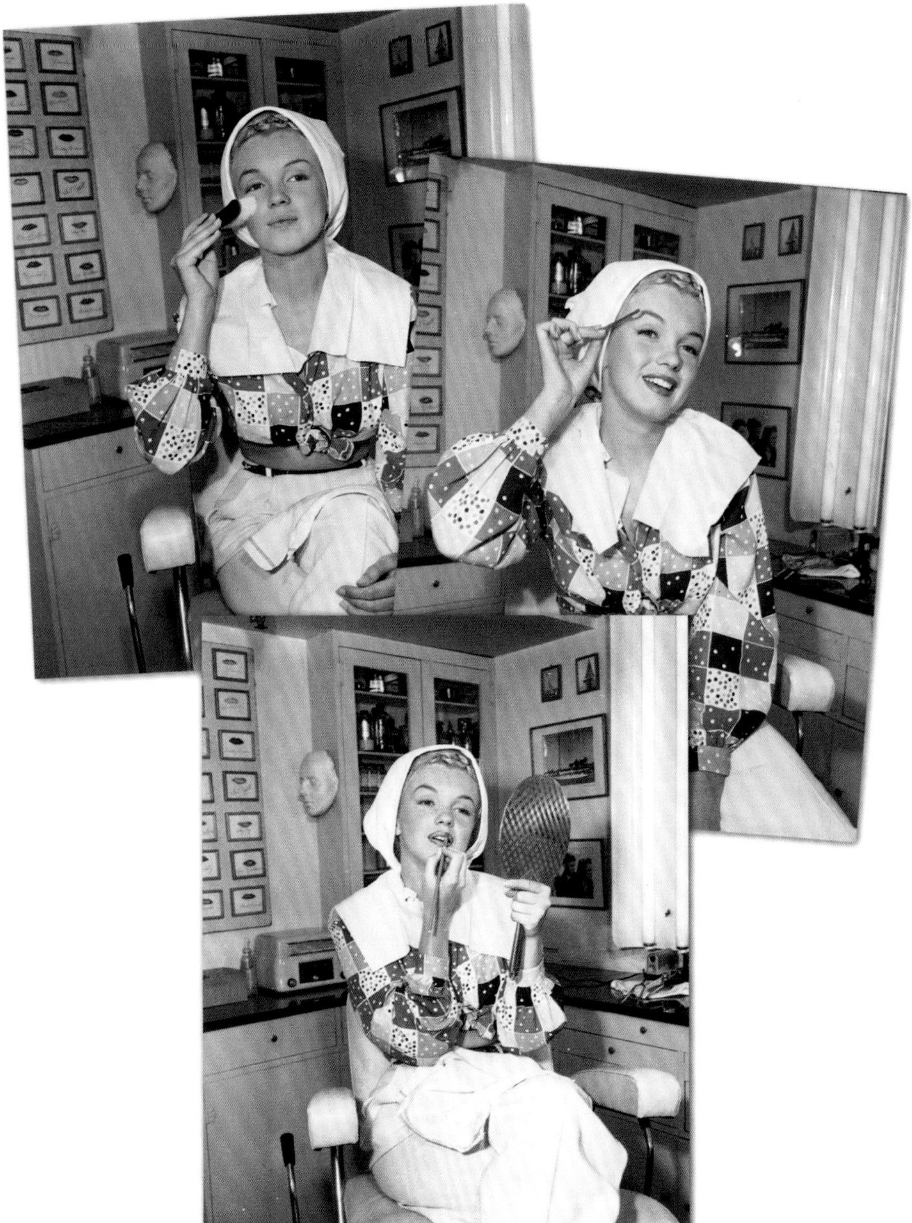
©.D.M. MONROE-6

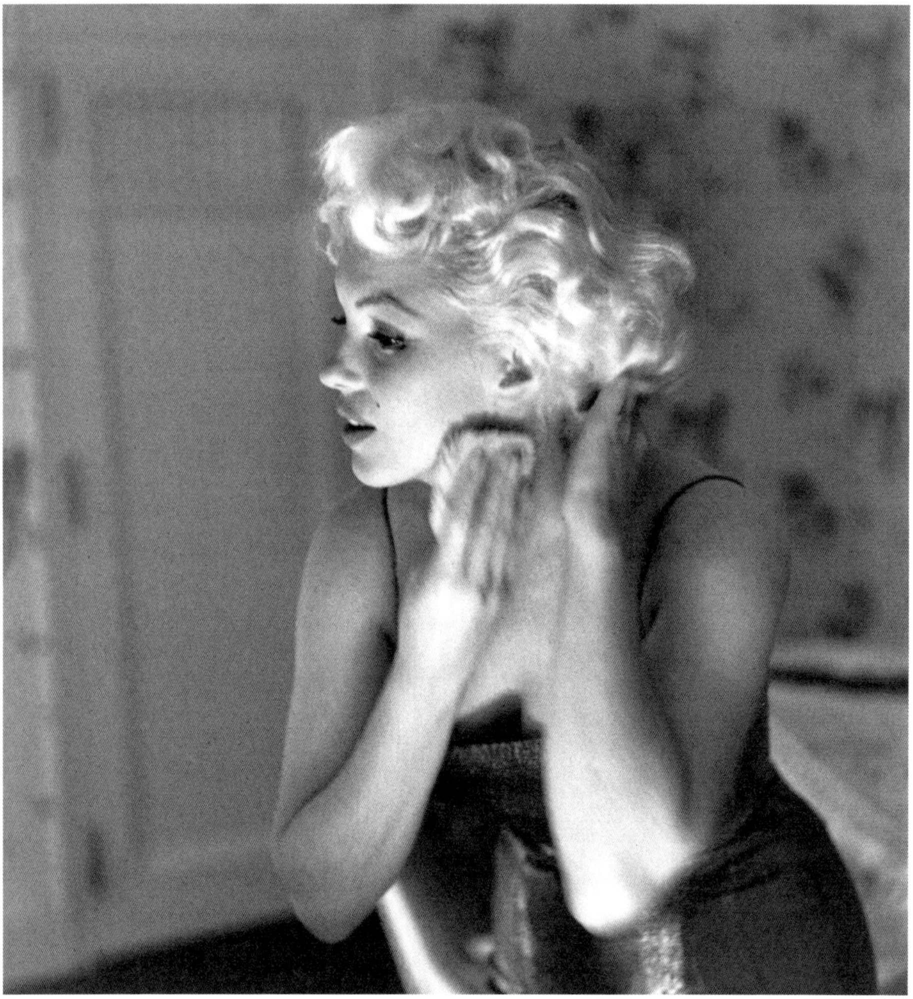

und pfirsichfarbenen oder blauen Lidschatten. Sie verwendete den Eyeliner, als sei er flüssig (was noch nicht erfunden worden war), und zog eine dünne Linie entlang des oberen Augenlids, die mit einem kleinen Wing endete. Ihr Ziel war es, den Effekt des »unendlichen Blickes« zu erzeugen, der ein wesentlicher Bestandteil ihres expliziten sexy Stiles war, den sie mit dem berühmten falschen Muttermal, das sie gelegentlich neben dem Nasenloch oder am Kinn zeichnete, noch verstärkte. Zu den Make-up-Erfindungen, die Marilyn zugeschrieben werden, gehört, dass sie falsche Wimpern nur in den äußeren Augenwinkeln benutzte: Sie trug darauf reichlich schwarze Wimperntusche von Helena Rubinstein auf und ließ sie perfekt zurechtschneiden, um den Lidstrich zu betonen.

Ihr Wunsch, immer geschminkt auszusehen, veranlasste sie im Alter von 27 Jahren, ihren Visagisten Allan Snyder (Whitey) zu bitten, sie auch nach ihrem Tod zu schminken, falls ihr etwas Schreckliches zustoßen sollte, damit sie bei der Beerdigung schön aussähe. Und so sollte es sein! Snyder würde sie sogar auf dem Sterbebett schminken.

24. März 1955. Marilyn Monroe beim Auftragen ihres Make-ups im Ambassador Hotel in New York.

*

Mit ihrem platinblonden Haar und ihrem blassen Teint sind Marilyns Lippen das Symbol ihrer Weiblichkeit. Sie waren immer karminrot und das Ergebnis von vier oder fünf verschiedenen roten Lippenstiften, die sie mit einem Lipgloss auf Vaselinebasis mischte – eine Mischung, die bis heute geheim ist.

Besonders gut gefiel ihr ein Farbton von Shiseido, der nicht mehr auf dem Markt ist, und Max Factor Ruby Red (heute Ruby Tuesday), abwechselnd verwendet mit Rouge G Diabolique von Guerlain, das Whiteys Visagistin mit einer speziellen Technik auftrug: dunklere Töne an den Außenseiten und in den Ecken, hellere in der Mitte, um einen voluminösen Effekt zu erzielen, der den Mund praller machte und sich perfekt vom blassen Gesicht im Kontrast zu den dunklen Wimpern abhob.

Die Nägel hatten die gleiche Farbe wie die Lippen und waren rot lackiert.

1954. Marilyn Monroe in Rot: Ihr Lippenstift, ihr Kleid und ihre lackierten Nägel heben sich von ihrem blassen Teint und ihrem platinblonden Haar ab.

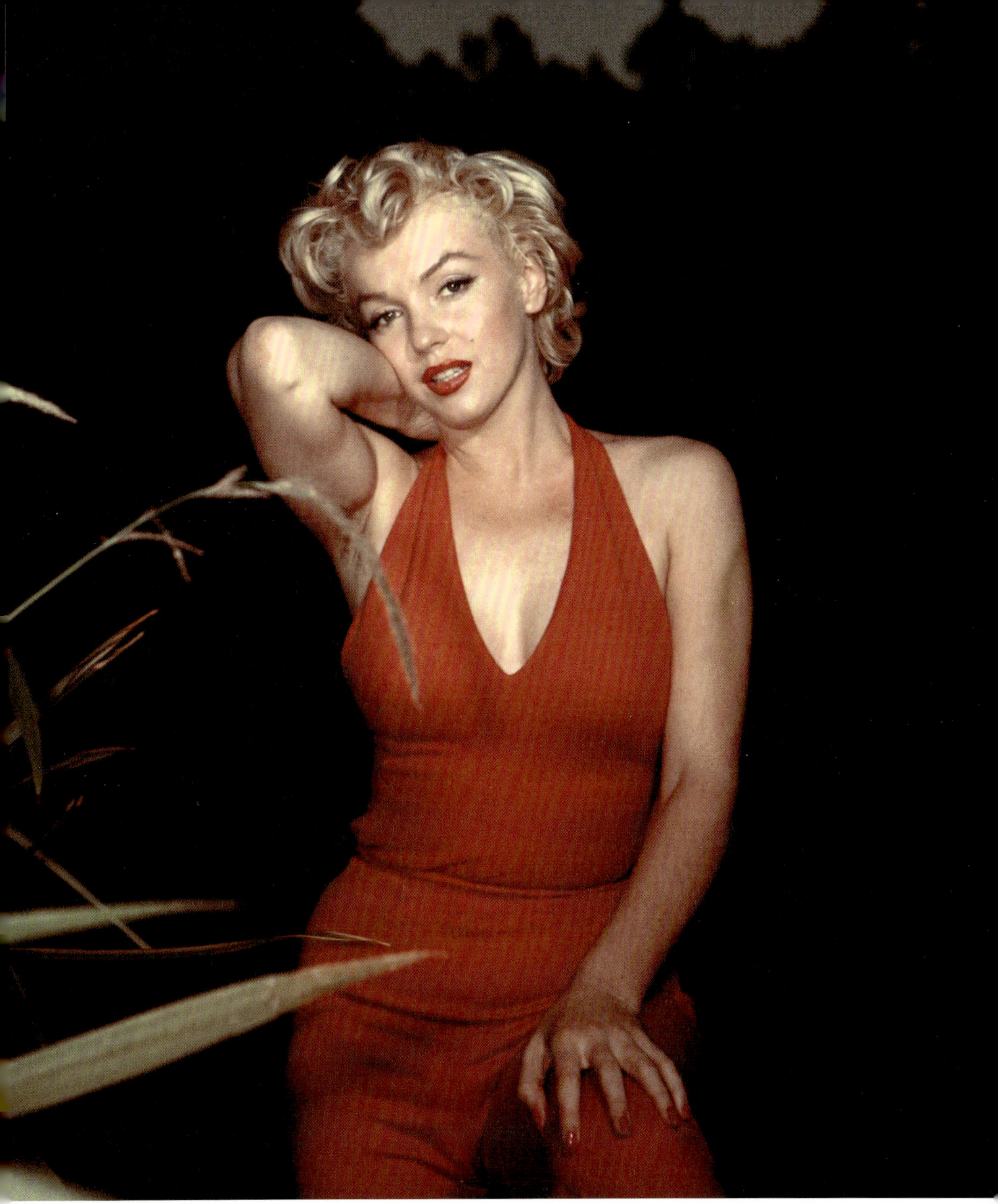

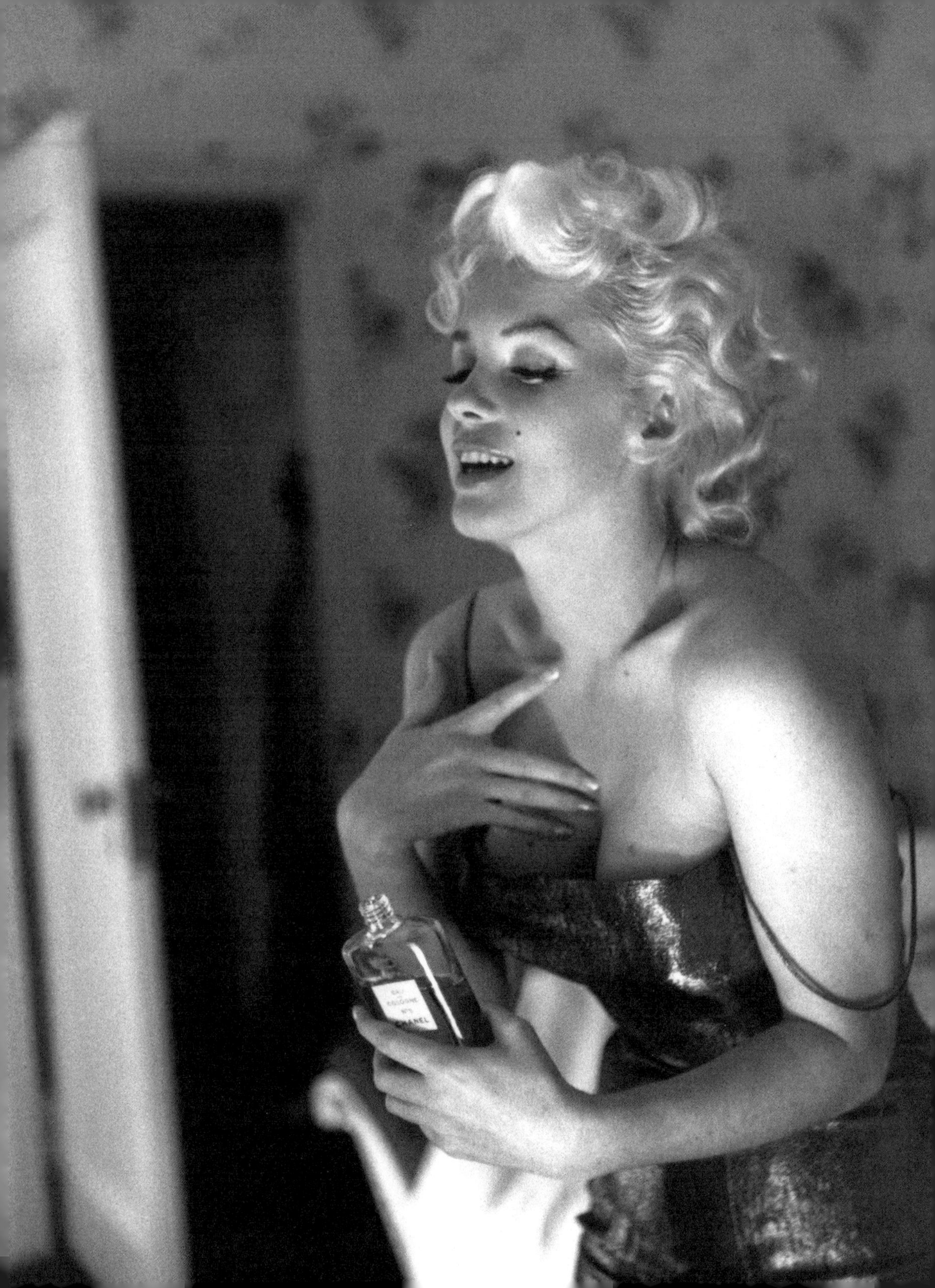

*

»Nur ein paar Tropfen N°5 …«

Am 7. April 1952 fragt der Lifereporter die 26-jährige Marilyn: »Was trägst du im Bett?« Marilyns Reaktion begründet eine Legende, die sie untrennbar mit dem berühmtesten Parfüm verbindet, das 1921 von Coco Chanel und dem Chemiker Ernest Beaux kreiert wurde. Monroes Liebe zum Parfüm Chanel N°5 ist unendlich. Nur ein Jahr später, im Oktober 1953, posiert sie für ein Fotoshooting in Beverly Hills für Modern Screen, und auf jeder Aufnahme ist ein Flakon von Chanel N°5 auf ihrem Nachttisch zu sehen. Im April 1960 interviewt sie der Journalist Georges Belmont für *Marie Claire,* und hier lässt sich die Diva zu einem ironischen Exkurs über ihren berühmten Witz hinreißen: »Sie stellen mir oft Fragen … Zum Beispiel: ›Was tragen Sie im Bett? Einen Pyjama? Eine Pyjamahose? Ein Nachthemd?‹ Dann antworte ich: ›Chanel N°5‹, denn das ist die Wahrheit! Sie verstehen, dass ich nicht ›nackt‹ sagen will. Aber es ist die Wahrheit.«

24. März 1955. Marilyn Monroe, abgelichtet im Ambassador Hotel in New York, während sie sich mit ein paar Tropfen Chanel N°5 zurechtmacht.

*

Um die Sanduhrform ihres Körpers zu betonen, trägt Marilyn keine Unterwäsche, sondern enge Kleidung, wie eine zweite Haut. Wie sich ihr italoamerikanisches Dienstmädchen Lena Pepitone erinnert, hat Marilyn, als sie 1961 von einer Kalifornienreise nach New York zurückkehrt, »eine Tasche voller BHs dabei. Das war wirklich etwas Neues.« Diese Entscheidung wird von der Notwendigkeit diktiert, der natürlichen Erschlaffung der Brüste entgegenzuwirken, aber innerhalb einer Woche »hatte sie sie alle weggeworfen. Sie konnte Unterwäsche einfach nicht ausstehen.«

»Sie wollte, dass ihre Garderobe immer in perfektem Zustand war.«

Lena Pepitone

1956. Marilyn Monroe in Englefield Green, England, dem von der Schauspielerin und ihrem Ehemann Arthur Miller gewählten Wohnsitz während der Dreharbeiten zu Der Prinz und die Ballerina.

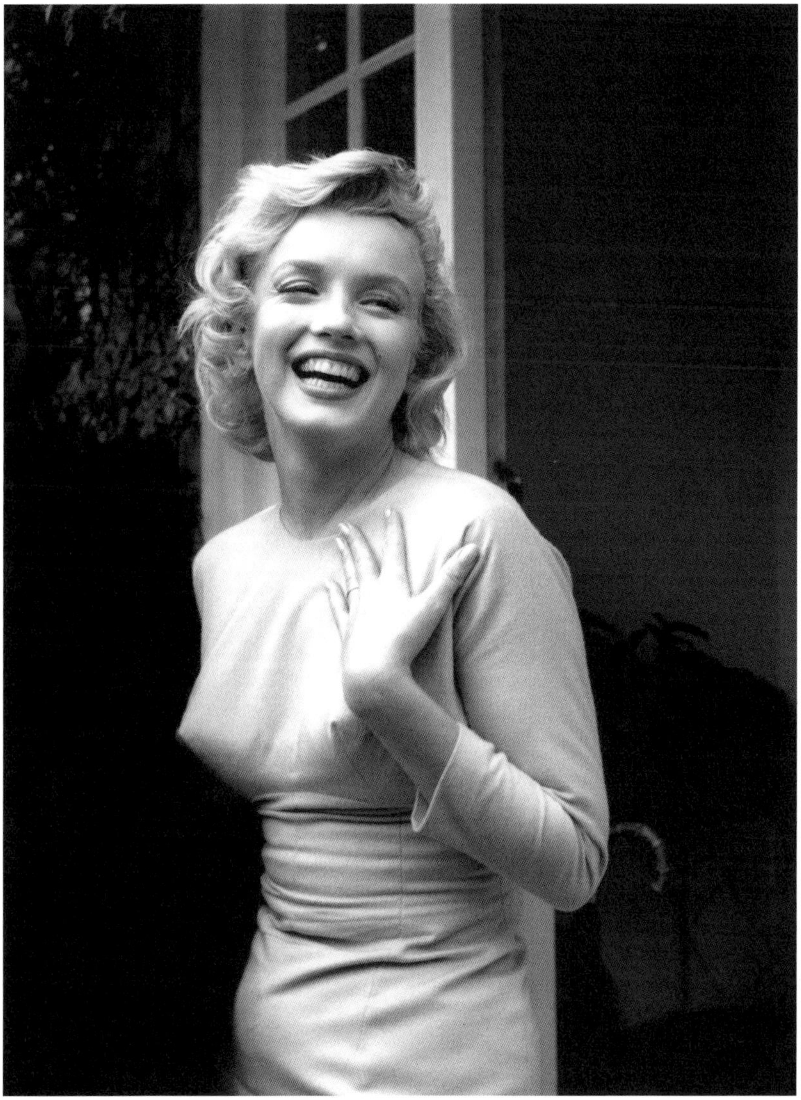

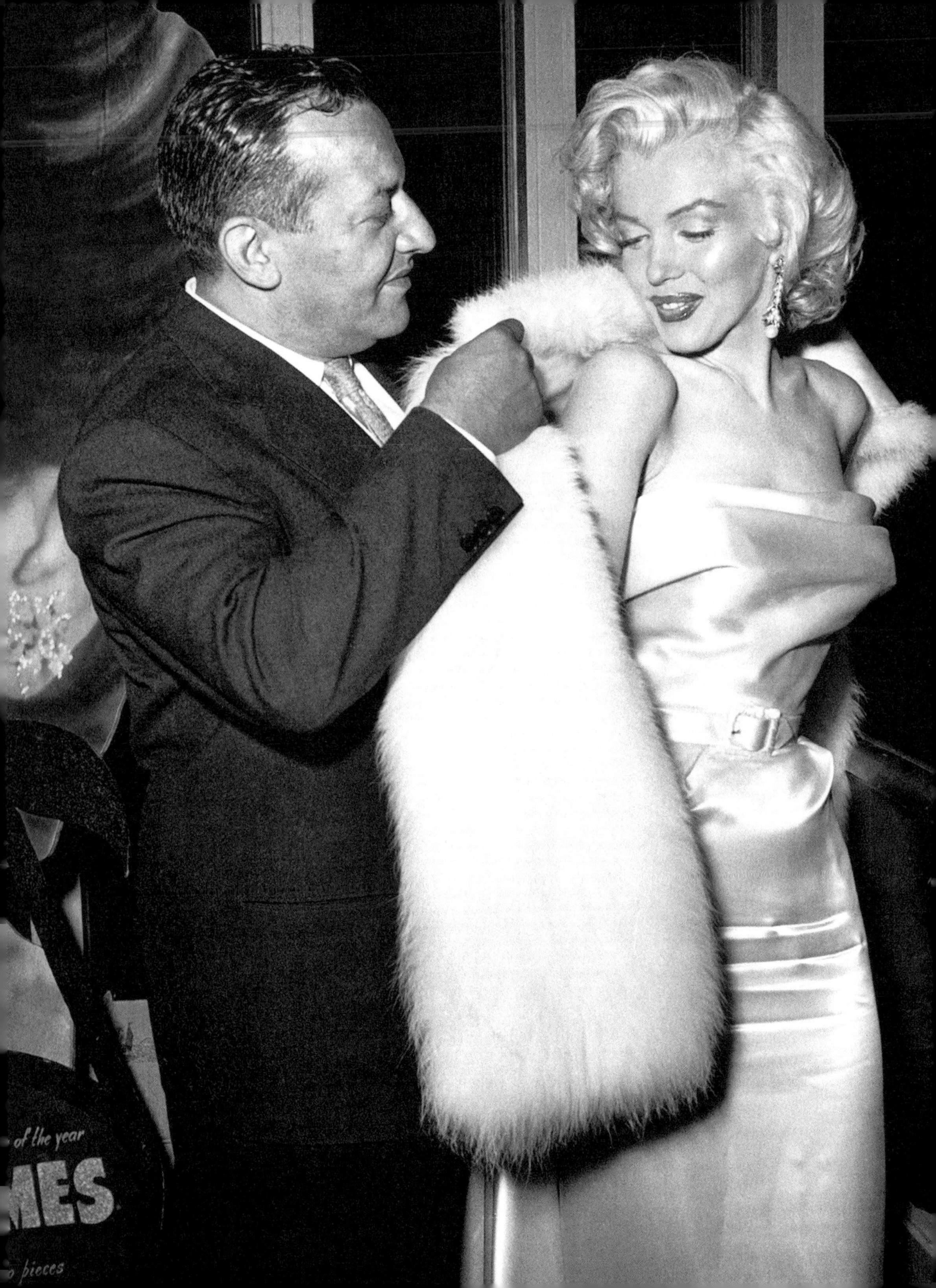
of the year
MES

*

In ihrer Freizeit und im Privatleben, wenn sie einkaufen muss, geht Marilyn gern zu Martha in der Park Avenue und zu Bloomingdale's, wo sie Kleider findet, die ihre Figur betonen und gleichzeitig legerer sind: hoch taillierte Jeans und leichte Blusen, schwarze Midi-Sanduhrkleider, Zigarettenhosen, Mäntel und Pullover in Übergröße.

Wegen des Komforts und der Schlichtheit des Designs liebt Marilyn den italienischen Stil. Sie bevorzugt die Kleidung von Pucci mit ihren essenziellen Linien, die wie eine zweite Haut wirken, in den privateren Momenten: von Caprihosen bis zu gemusterten Hemden und T-Shirts aus Seidenjersey.

Im Gegensatz zu diesem legeren Stil ist Marilyn sehr angetan von weißen Pelzmänteln, die sie manchmal trägt, um sehr kleine Outfits zu bedecken. Ihre wahre Leidenschaft gilt jedoch der Pelzstola aus Silberfuchs und weißem Nerz.

1957. Herman Hover, der Besitzer von Ciro's Restaurant in Los Angeles, hilft Marilyn Monroe, ihre Pelzstola anzuziehen.

*

Füße sind ein echter Fetisch von Marilyn. Sie werden immer gut gepflegt und sind so schnell wie möglich nackt. In den 1940er- und frühen 1950er-Jahren bevorzugt sie Sandalen im amerikanischen Stil mit Knöchelriemen oder -kette, inspiriert von dem Modell, das Edith Head 1944 für Barbara Stanwyck im Film *Frau ohne Gewissen* entwarf. Dann gewinnt ihre Liebe zu Ferragamo-Schuhen die Oberhand. Marilyn lernt den Namen Salvatore Ferragamo durch Ava Gardner und höchstwahrscheinlich auch andere Filmstars kennen, denen der italienische Designer seit seiner Ankunft in Hollywood in den 1920er-Jahren folgt. Jedoch trifft Monroe Ferragamo nie persönlich, der für sie direkt anhand der Holzform ihres Fußes Schuhe anfertigt. Sie kauft ihre Schuhe dann in New York in einem Geschäft in der Park Avenue oder lässt sie sich von Amy Greene, Milton H. Greenes Frau, aus Italien bringen. Von Ferragamo trägt sie sowohl klassische Ballerinas mit Muschelsohle als auch Pumps mit elf Zentimeter hohem Absatz, stets die gleichen, aber in unterschiedlichen Farben und Materialien. Der Designer entwirft für sie einen speziellen Stilettoabsatz, der trotz seiner Höhe und Feinheit sehr widerstandsfähig ist, halb aus Holz und halb aus Stahl.

Die Legende besagt, dass Marilyn bei manchen Gelegenheiten unterschiedlich hohe Absätze trug, um ihren wiegenden Gang zu betonen.

24. März 1955. Marilyn Monroe in ihrem Zimmer im Ambassador Hotel in New York.

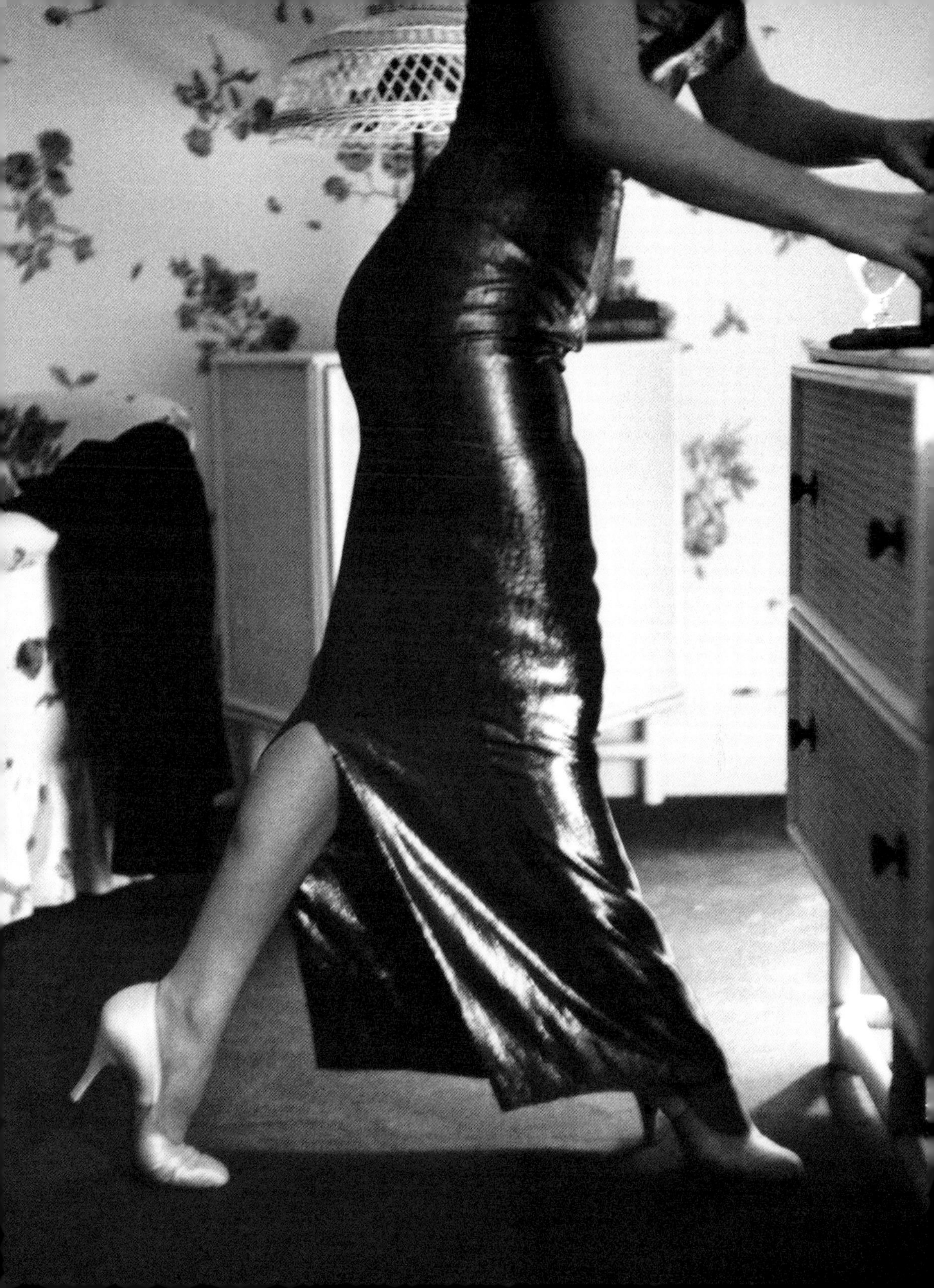

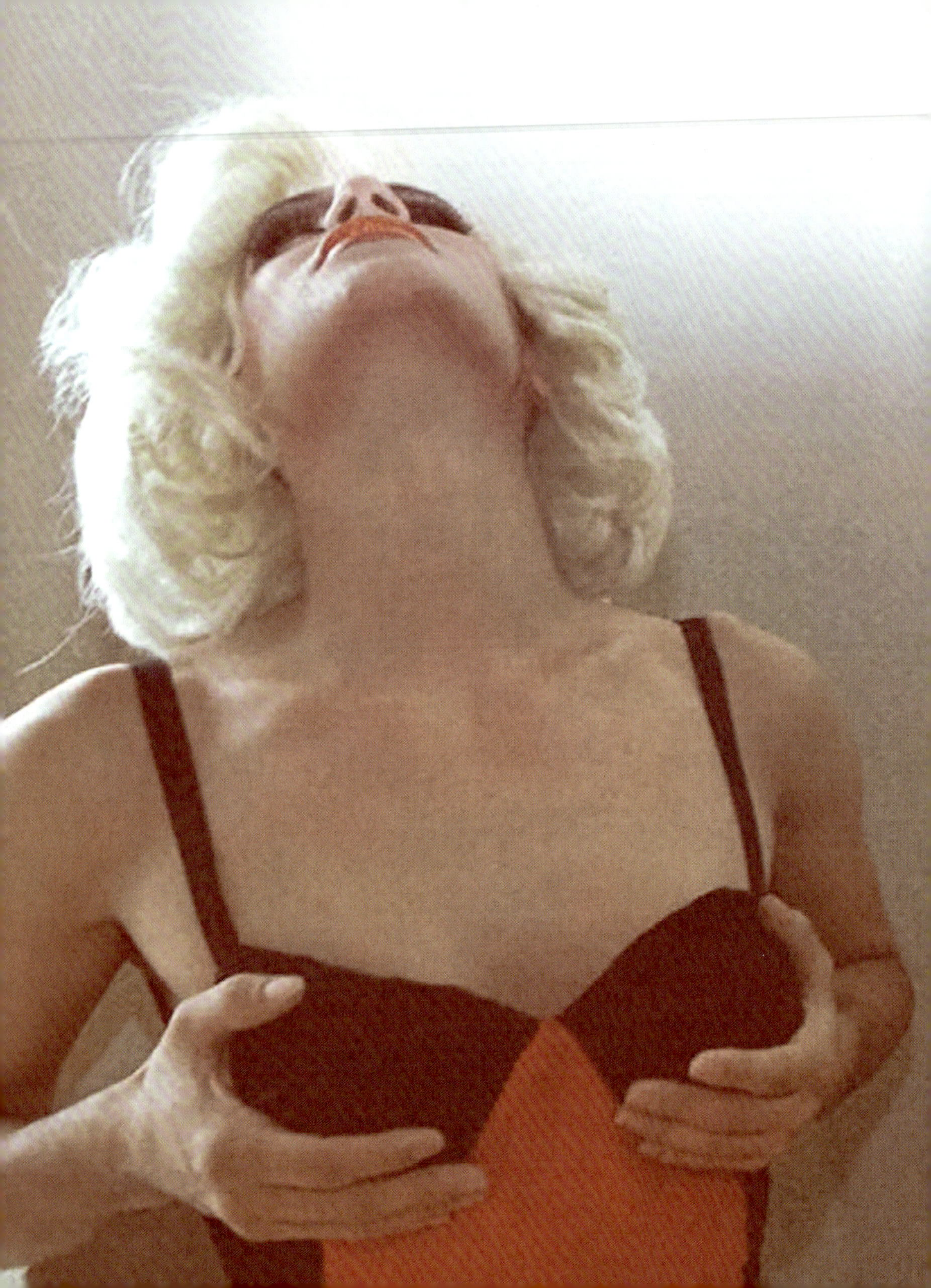

»Sind sie eng genug? …
Noch enger! Noch enger!«

Marilyn Monroe

Die Mode zitiert Marilyn

Faszination

Marlene Stewart

Hommage an Marilyn
(*Madonna in dem Video*
Material Girl)

1985

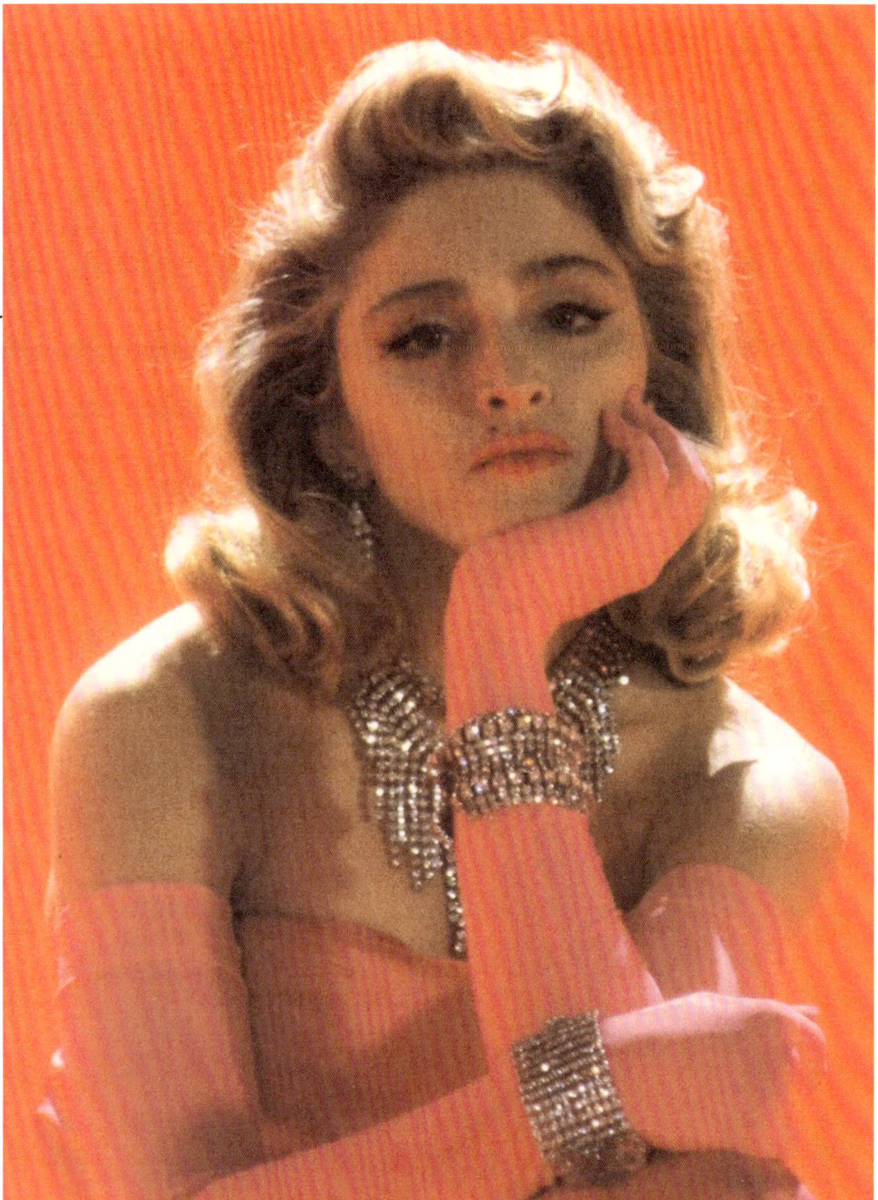

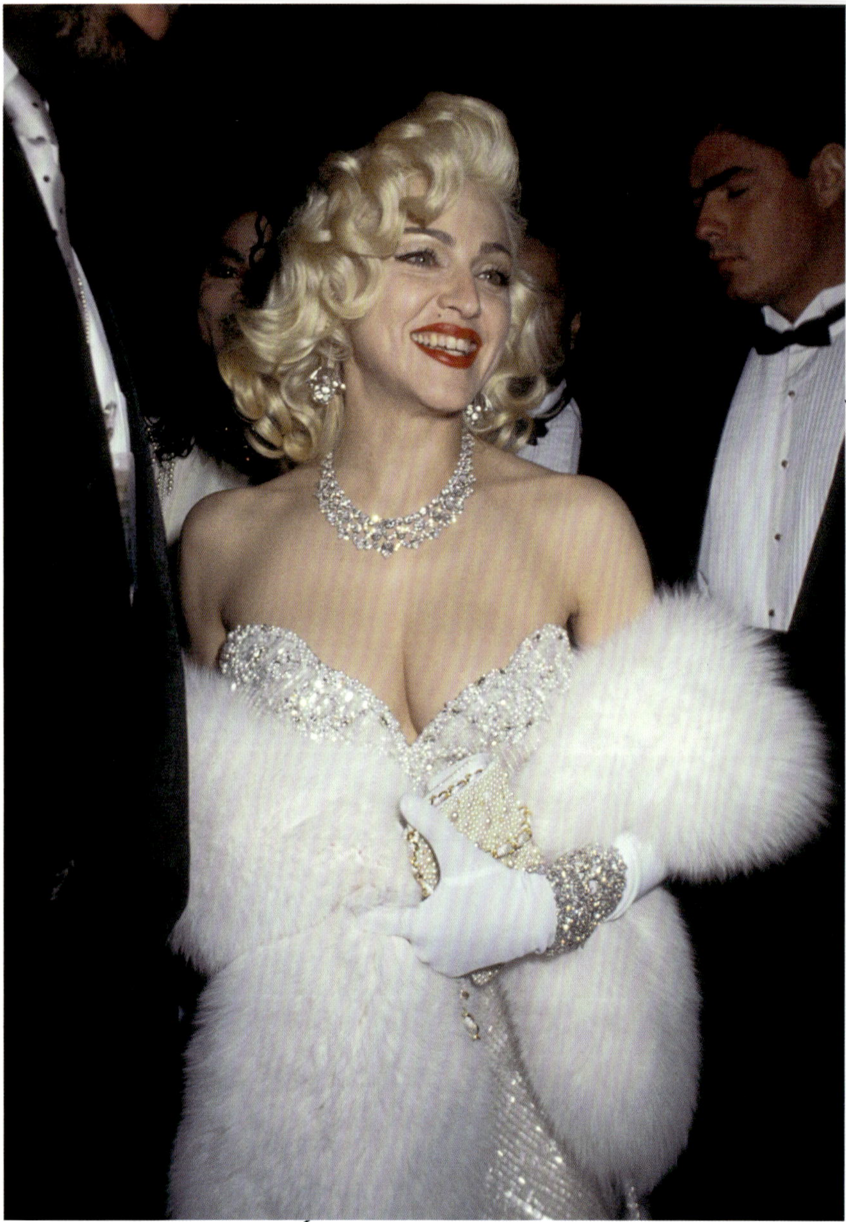

Bob Mackie

Hommage an Marilyn

1991

Versace

Frühling/Sommer

1991

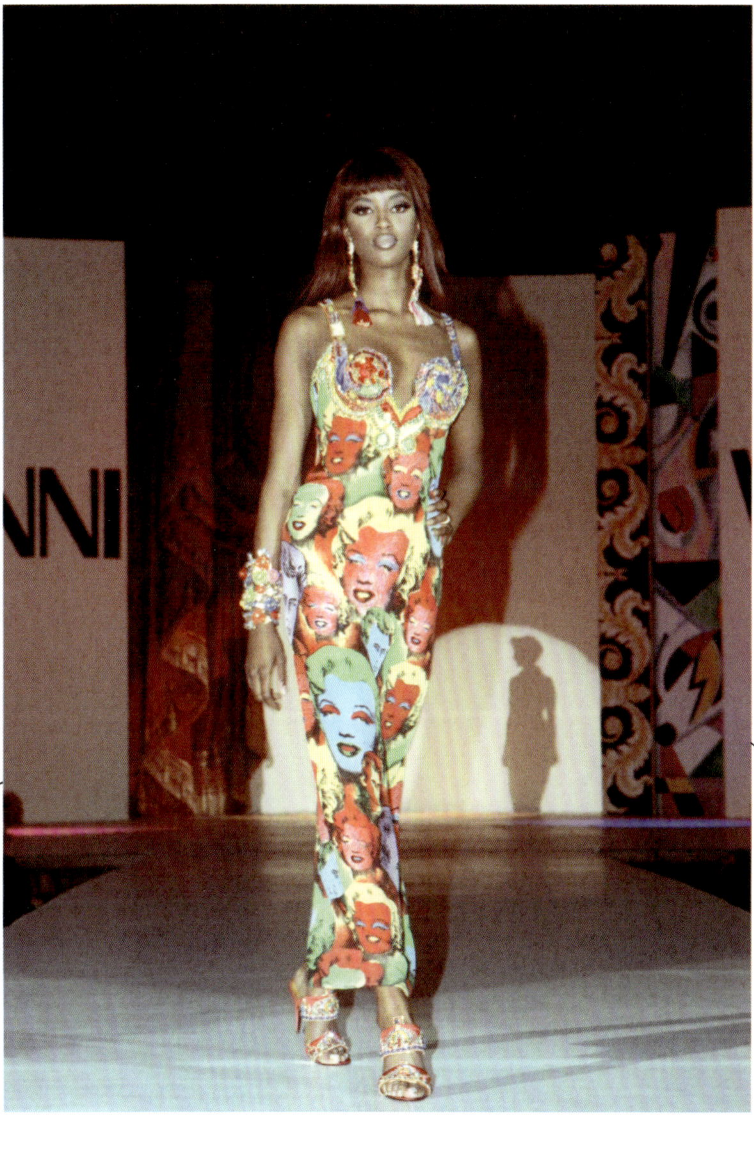

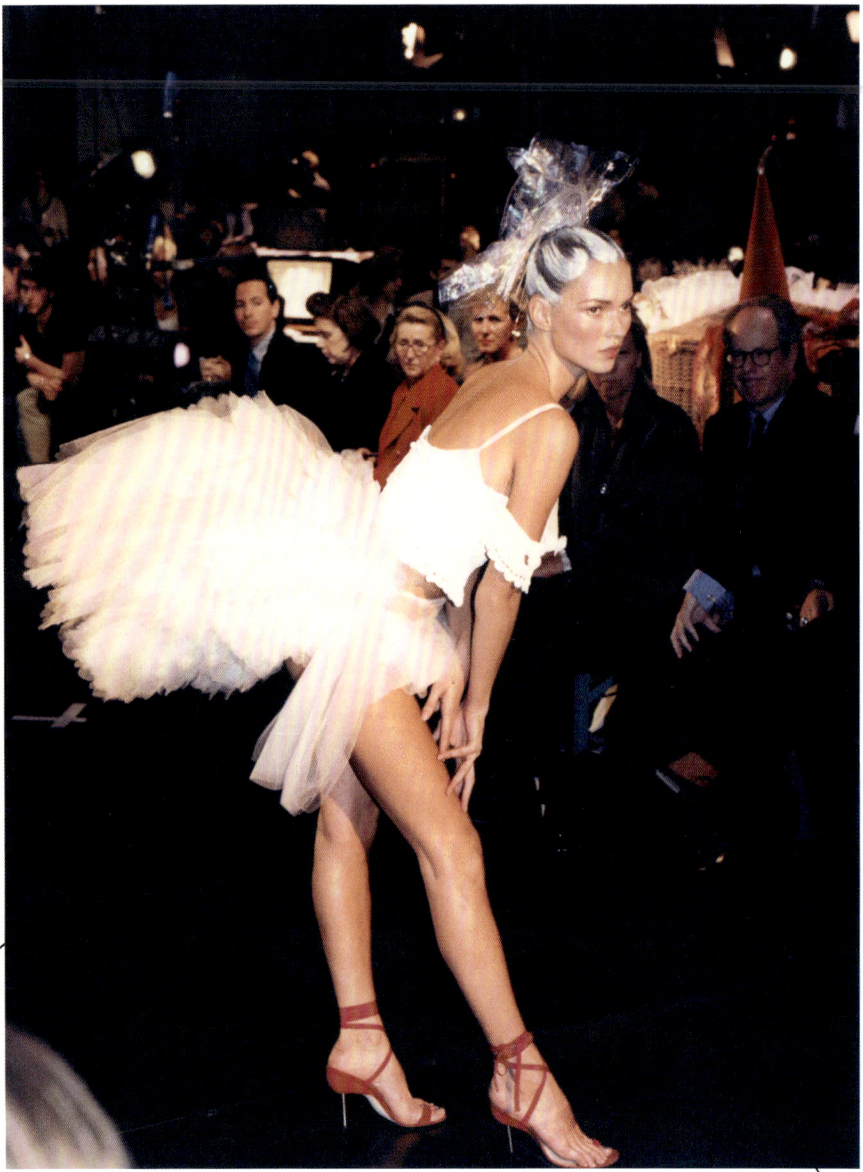

John Galliano

Hommage an Marilyn

1995

Versace

Hommage an Marilyn

1995

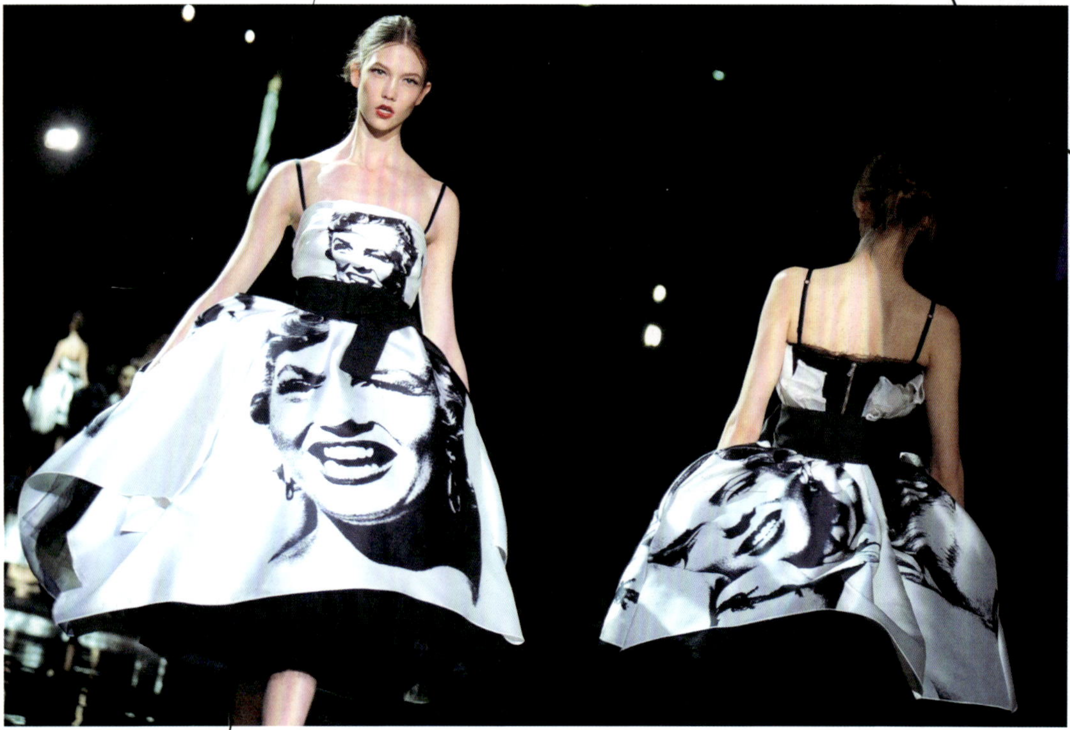

Dolce & Gabbana
Herbst/Winter

2009/2010

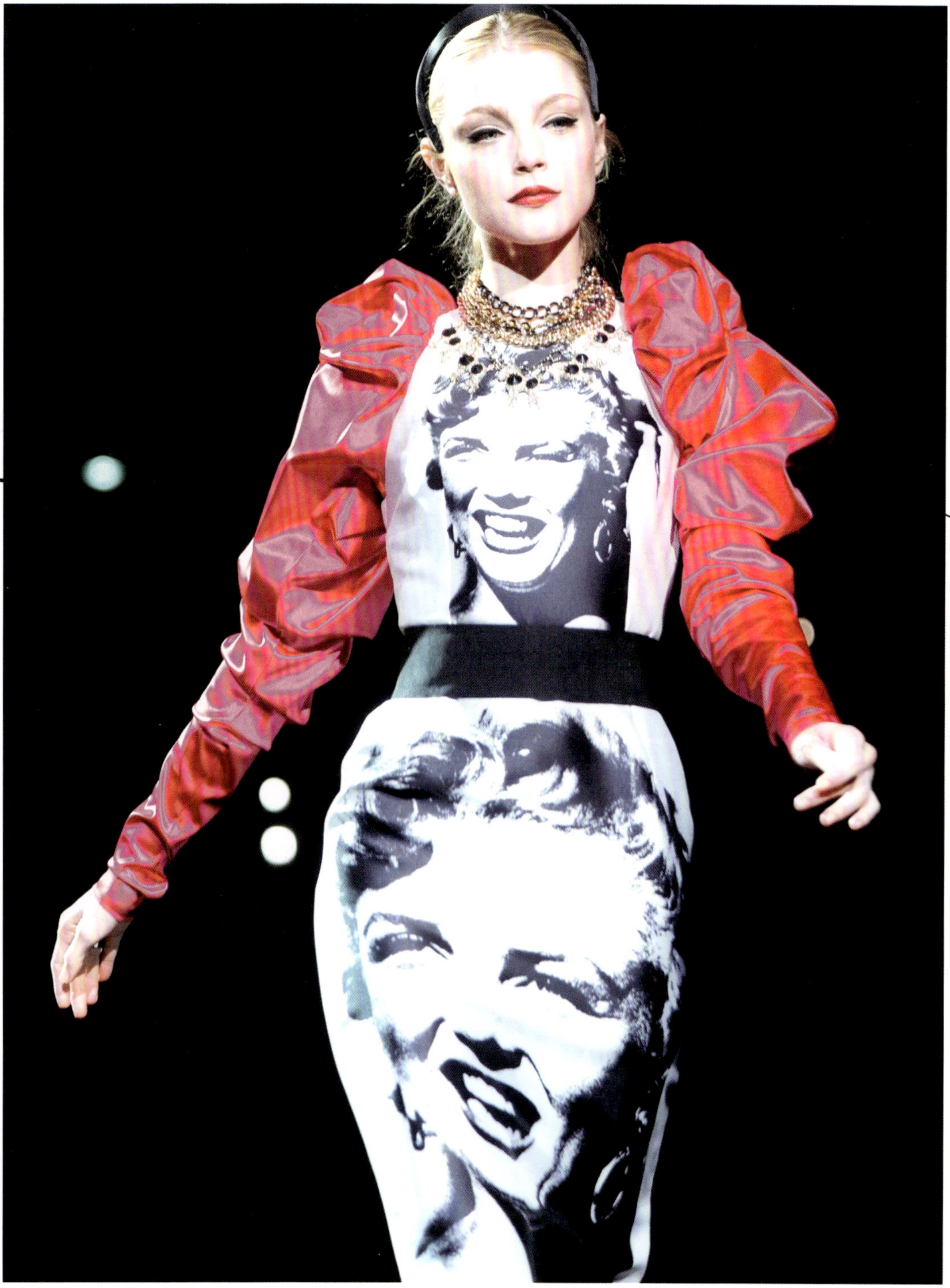

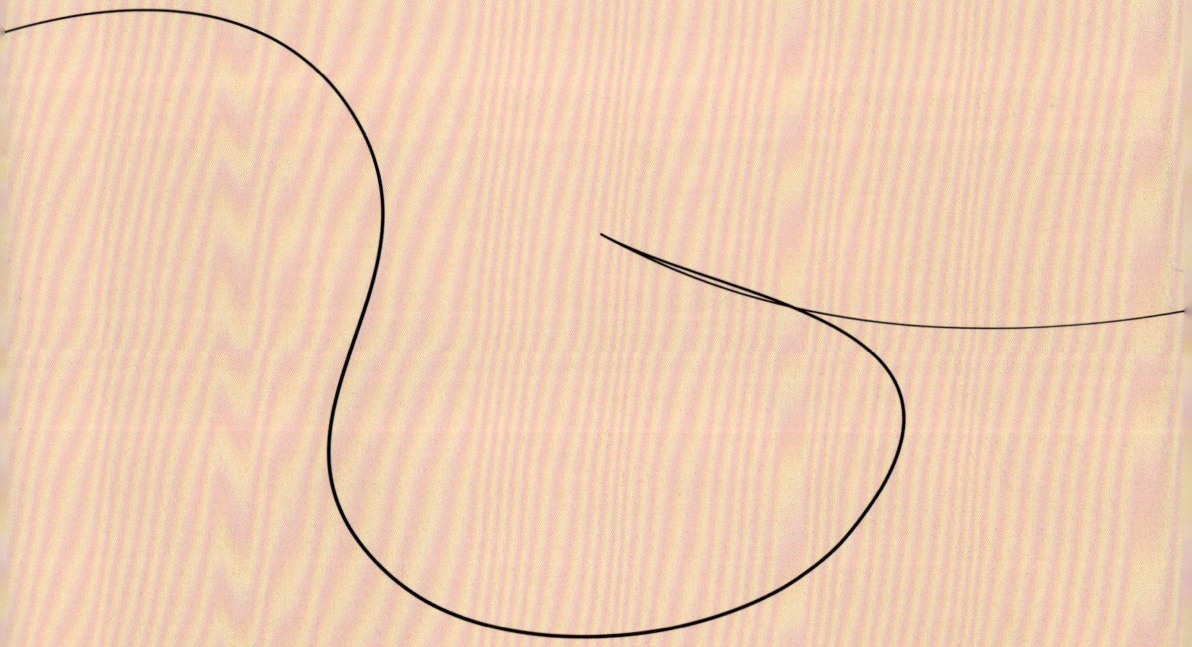

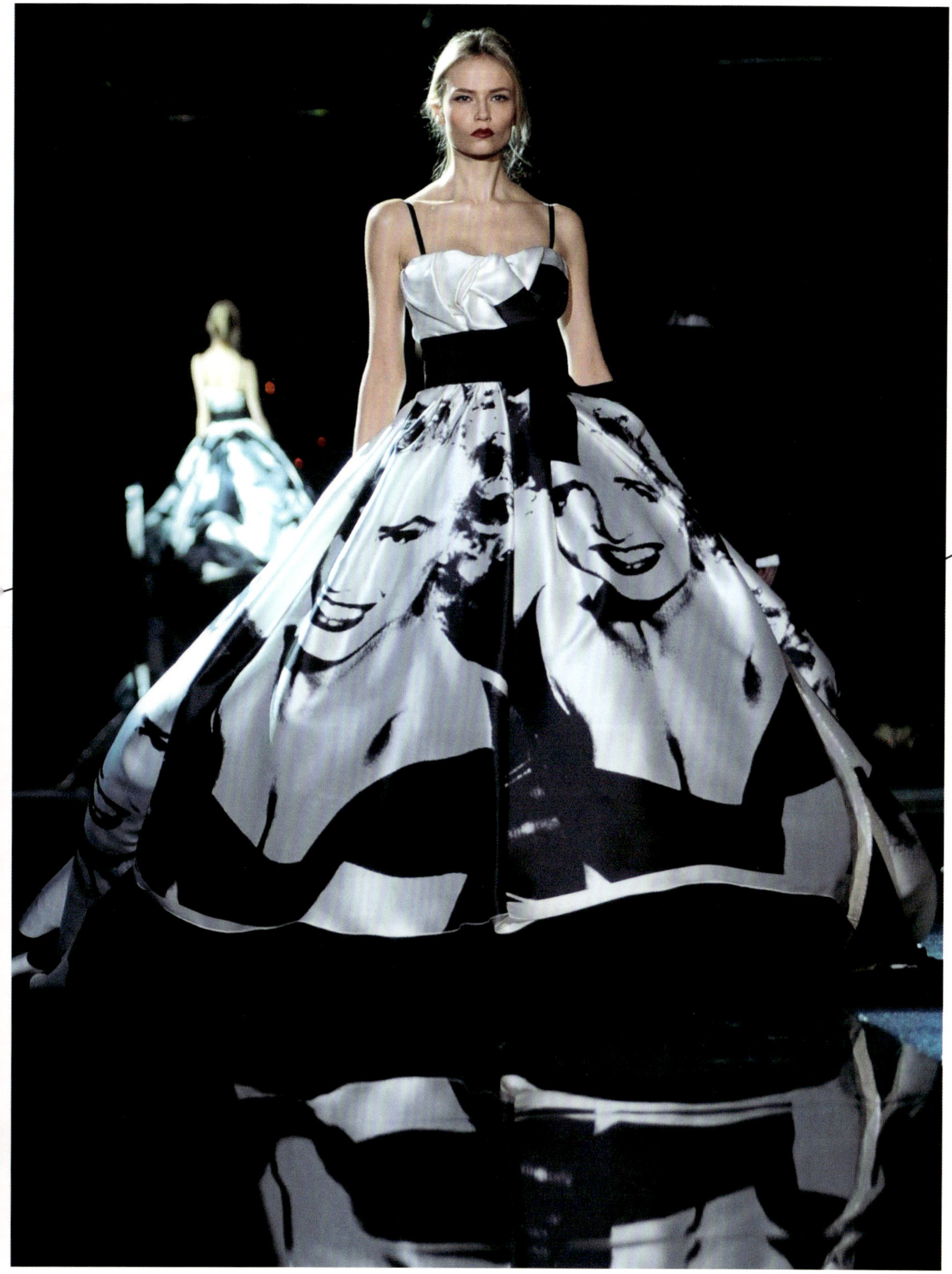

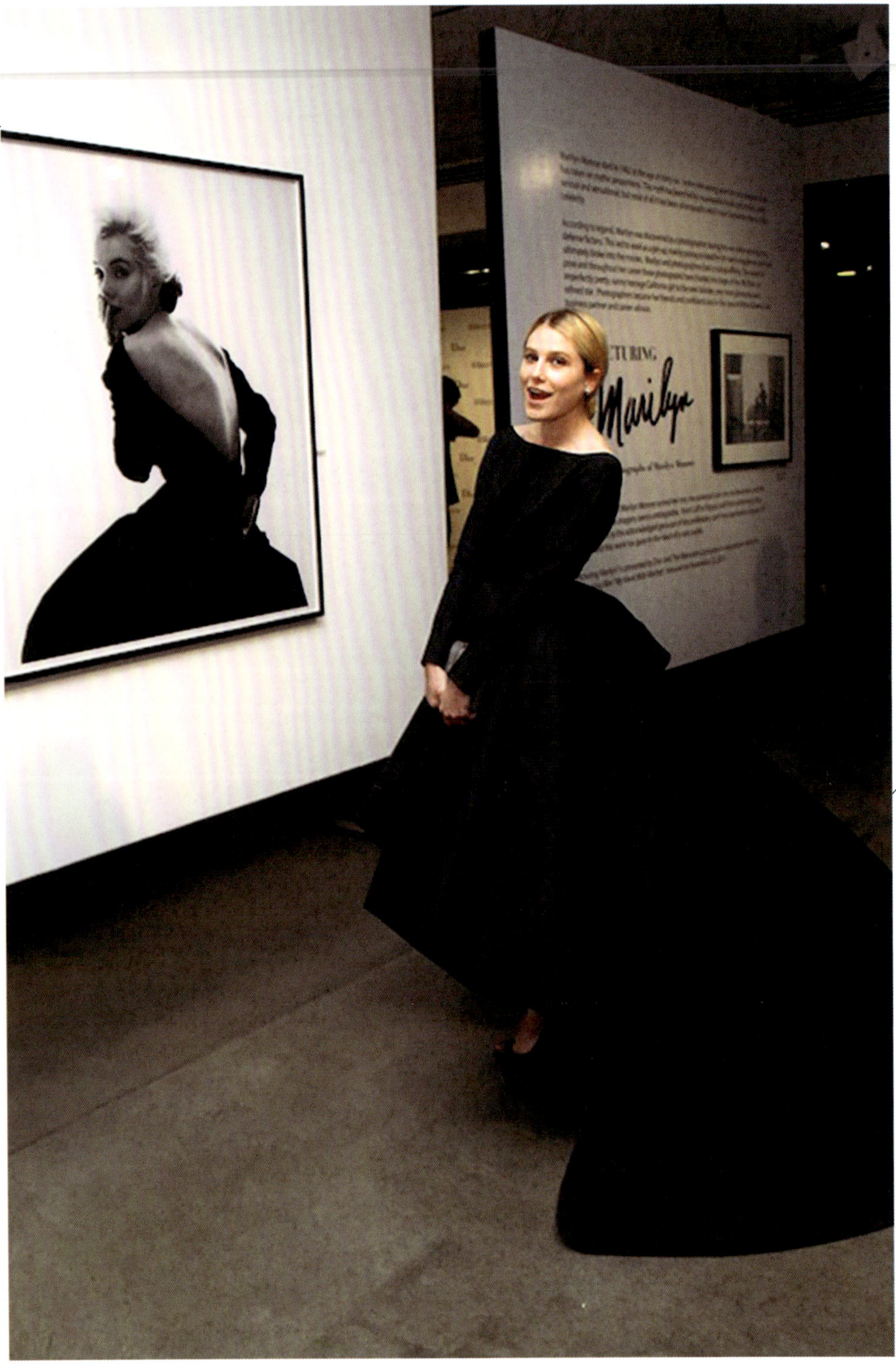
CTURING
Marilyn

Dior

Hommage an Marilyn

2011

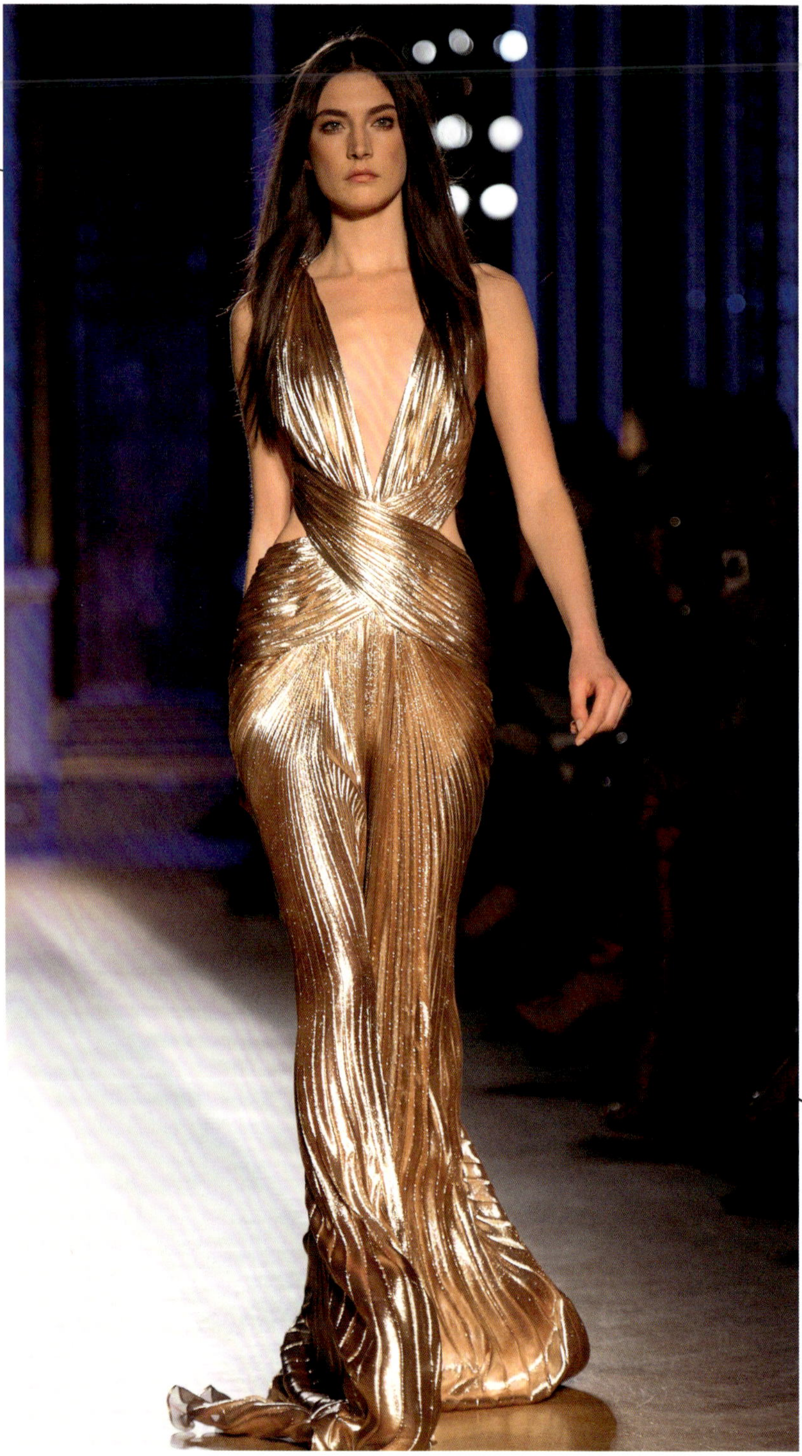

Zuhair Murad

Frühling/Sommer

2012

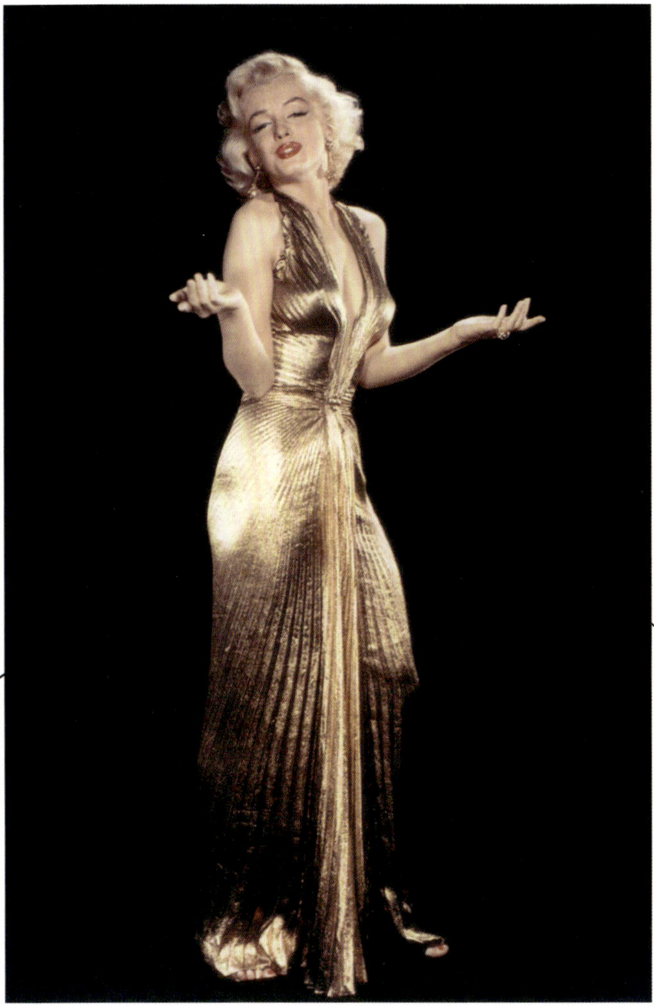

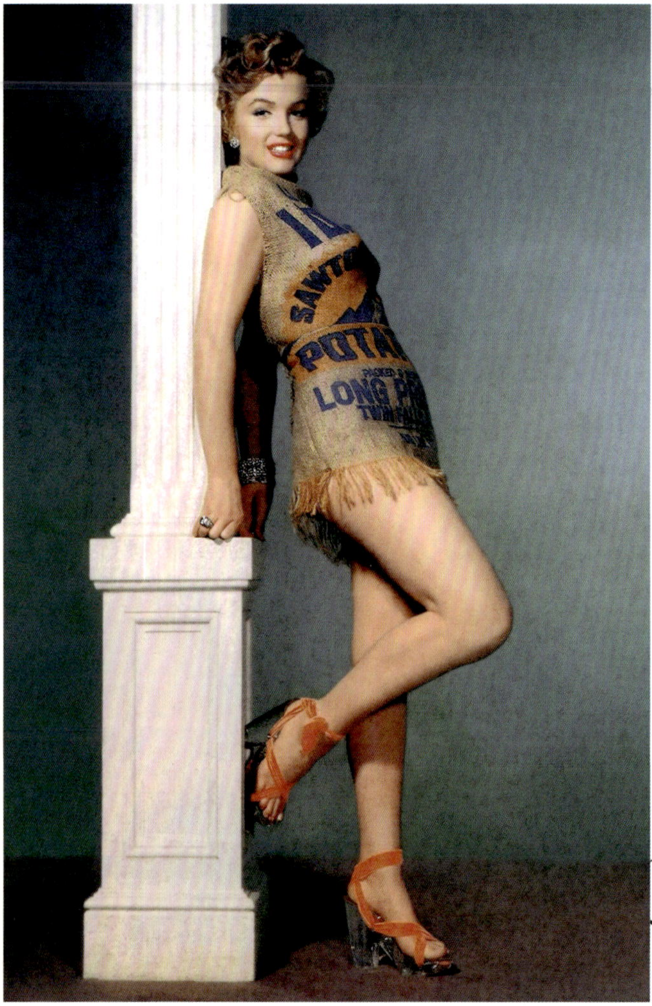

Dolce & Gabbana

Frühling/Sommer

2013

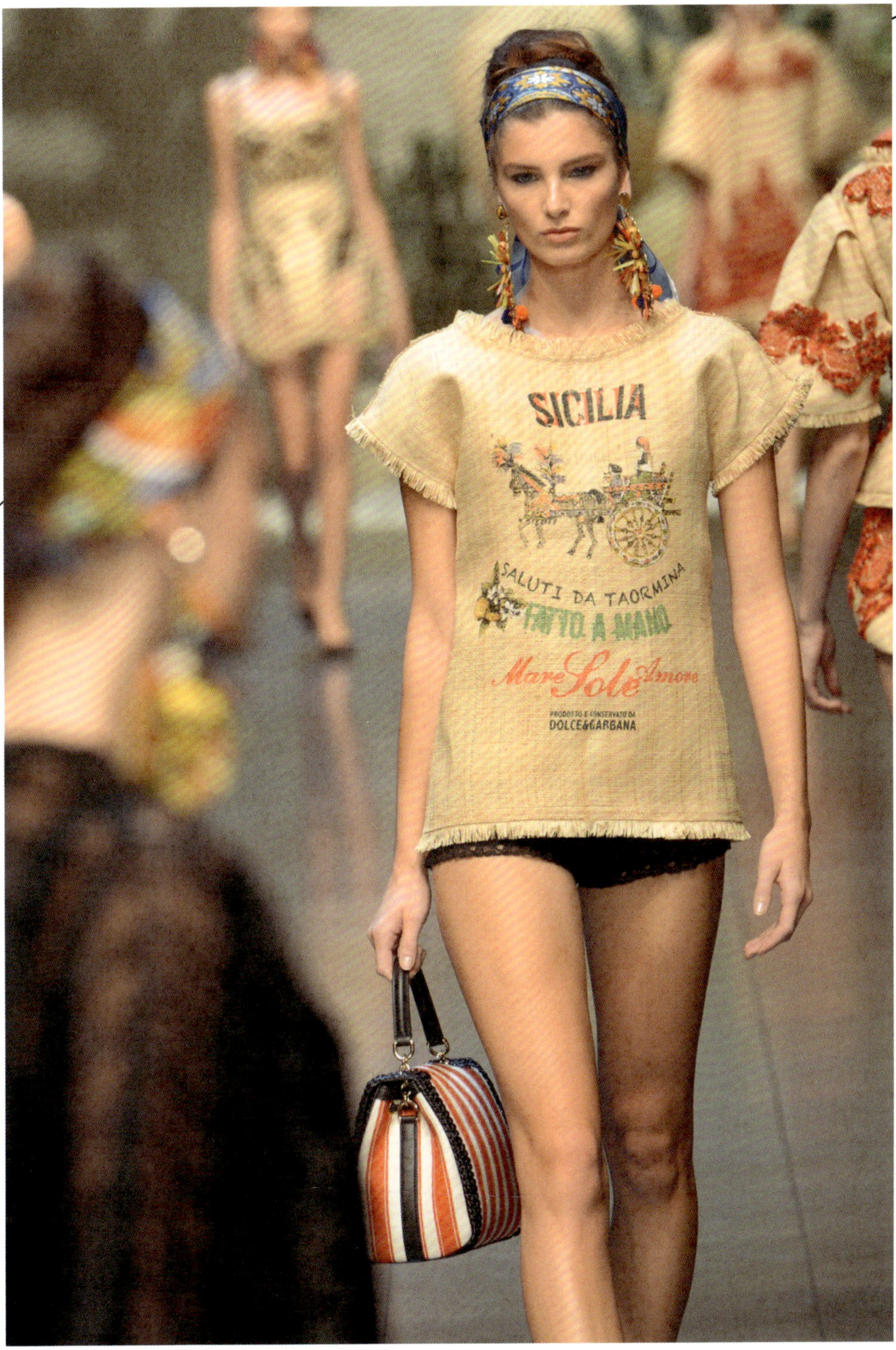
SICILIA
SALUTI DA TAORMINA
FATTO A MANO
Mare Sole Amore

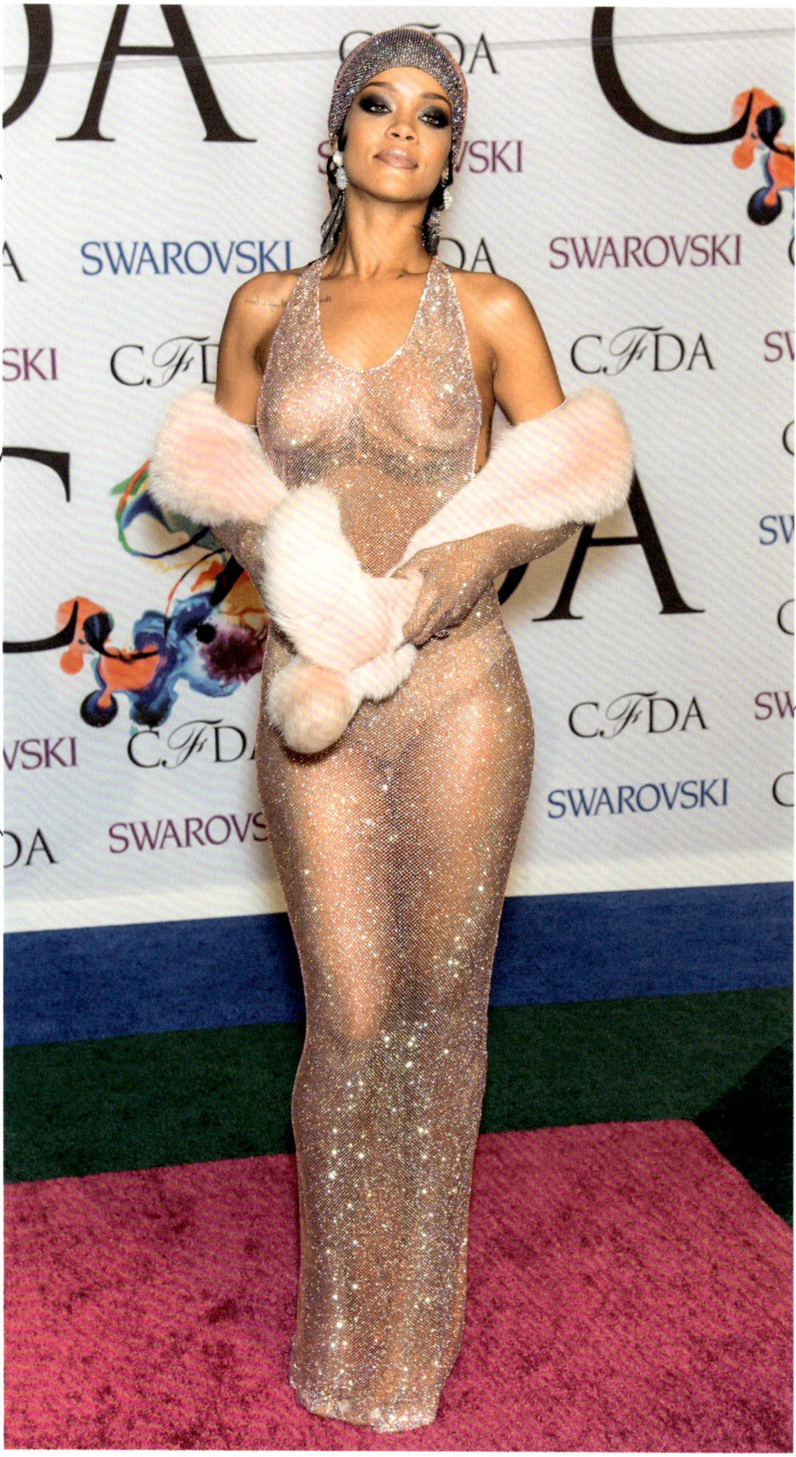
C.F.DA
SWAROVSKI

Adam Selman

Rihanna bei den CFDA Fashion Awards in New York

2014

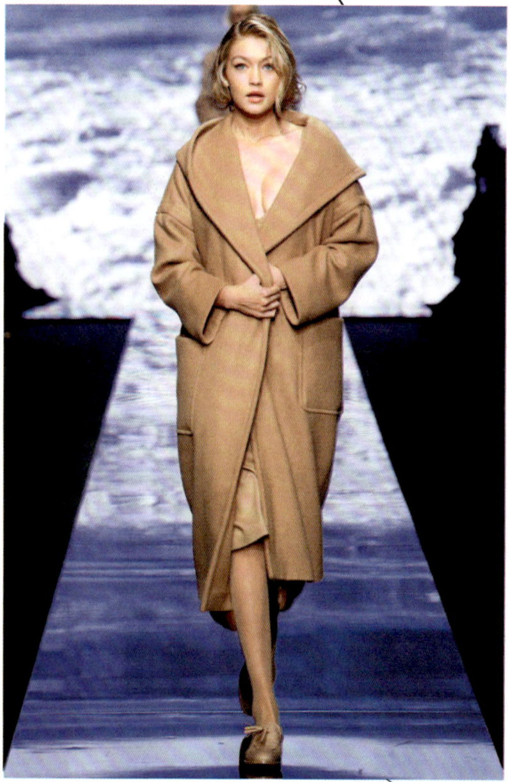

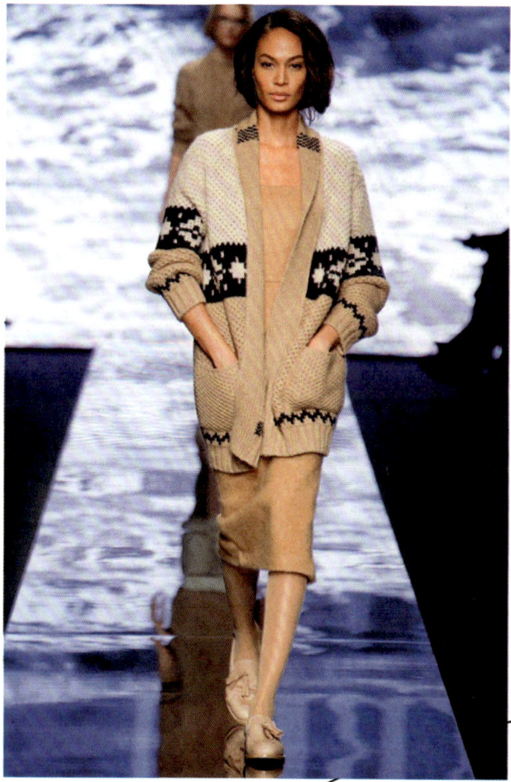

Max Mara

Herbst/Winter

2015/2016

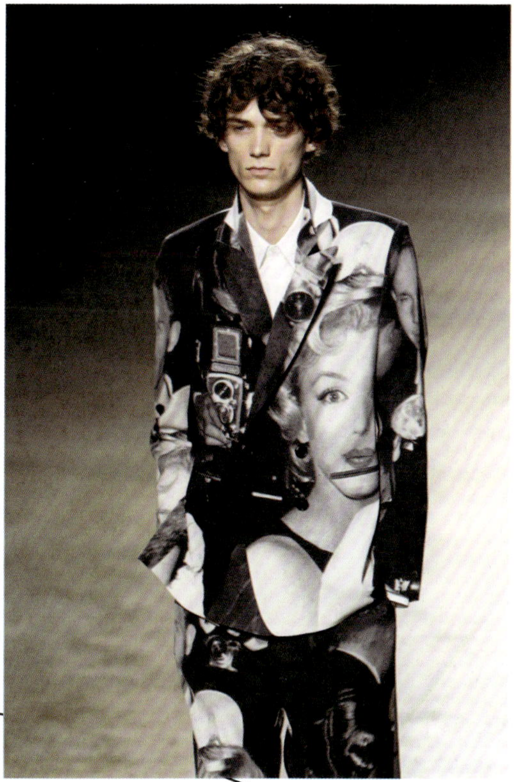

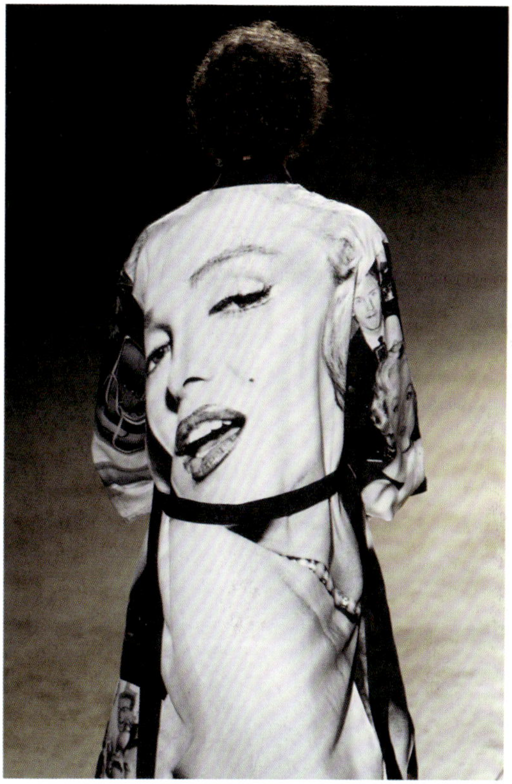

Dries Van Noten
Frühling/Sommer

2016

Versace

Frühling/Sommer

2018

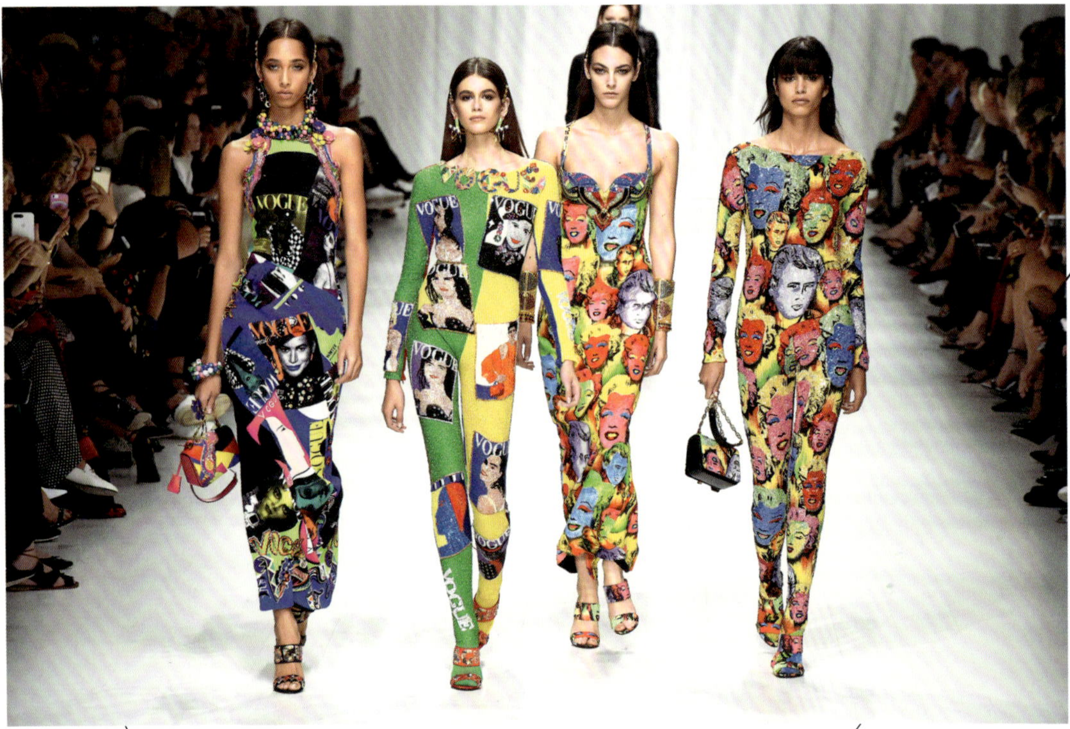

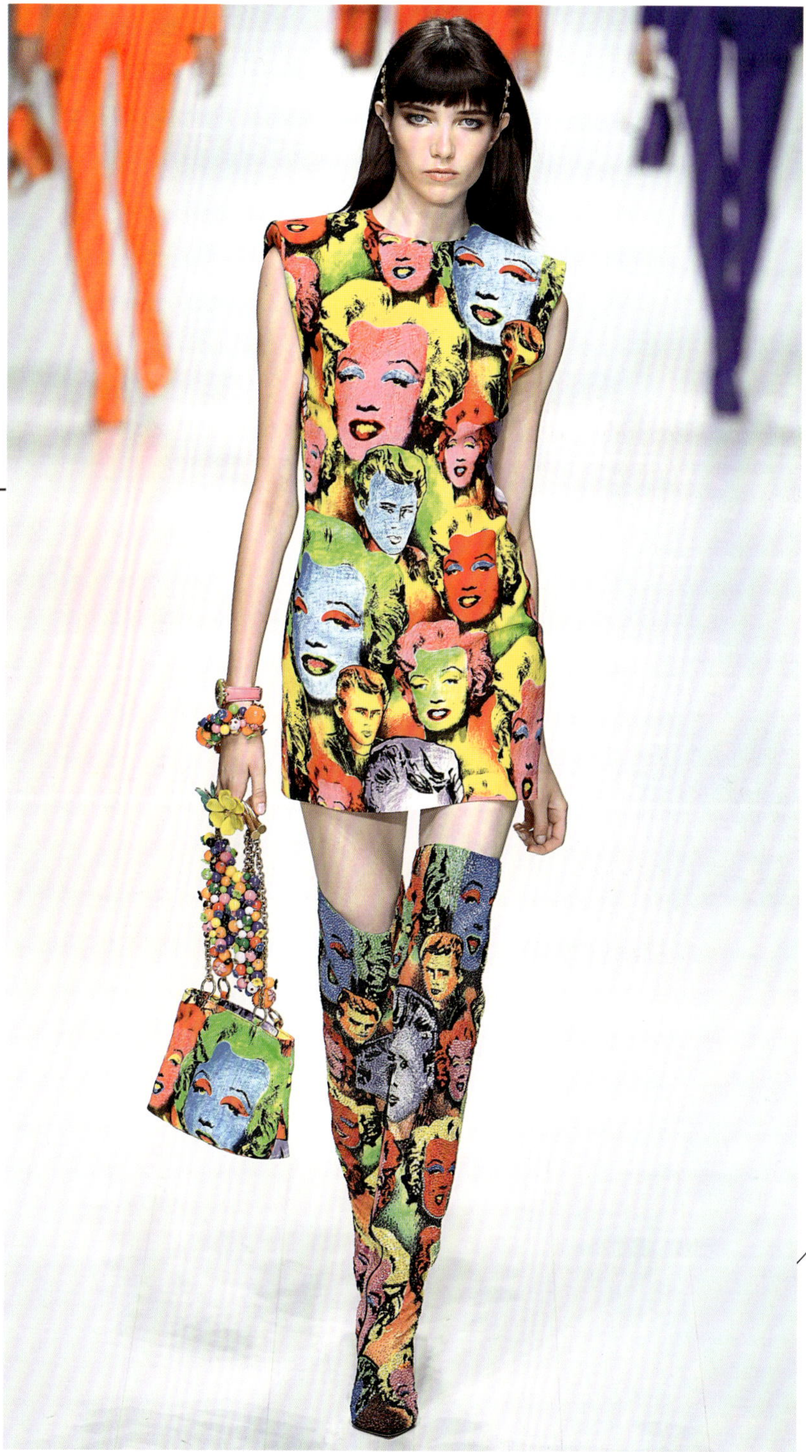

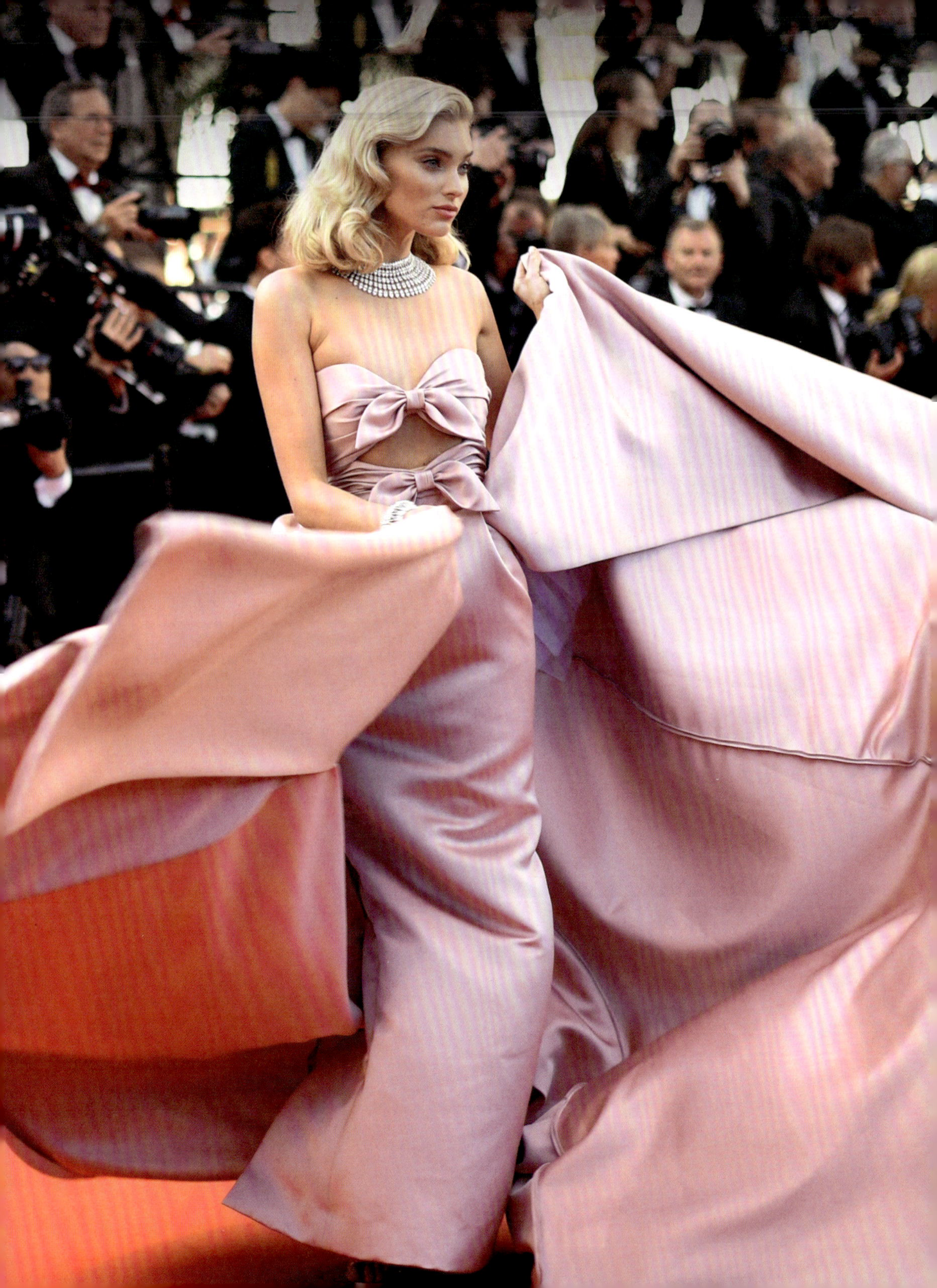

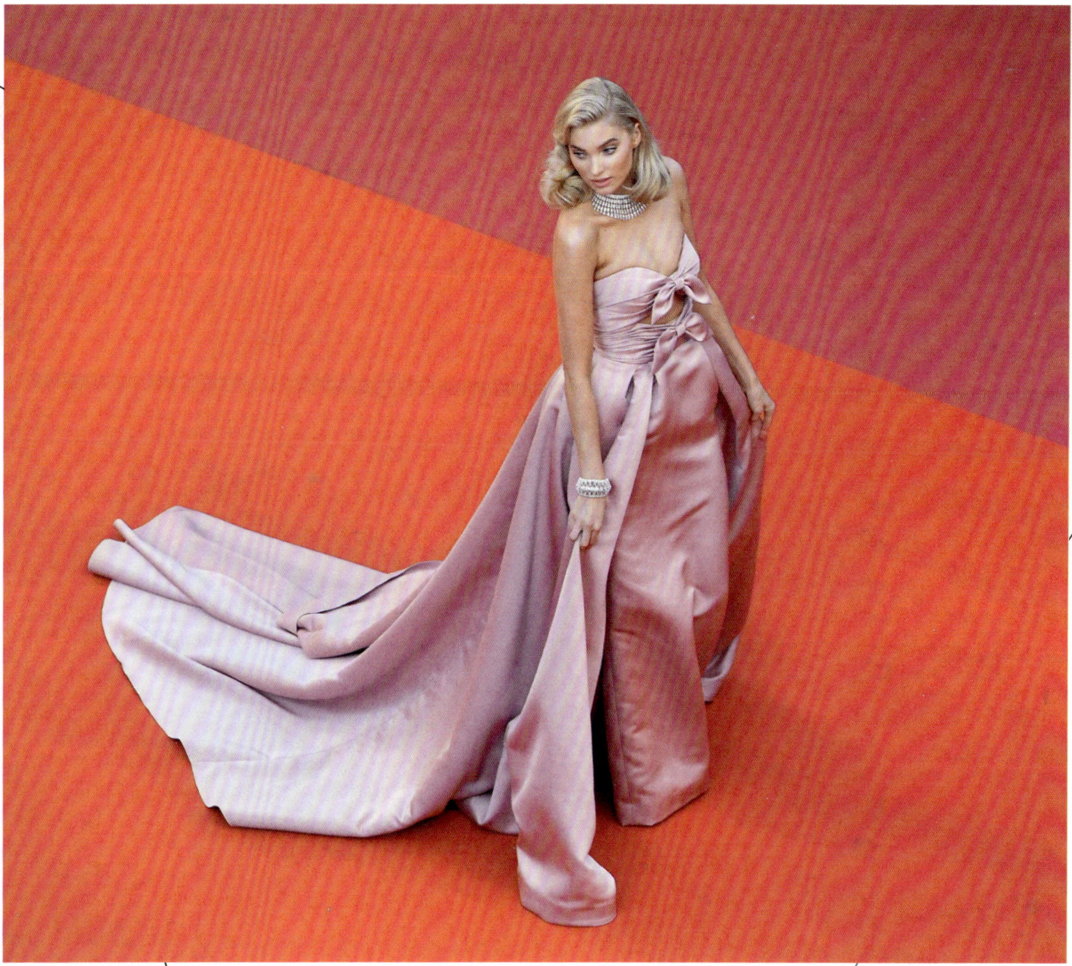

Alberta Ferretti

Hommage an Marilyn

2018

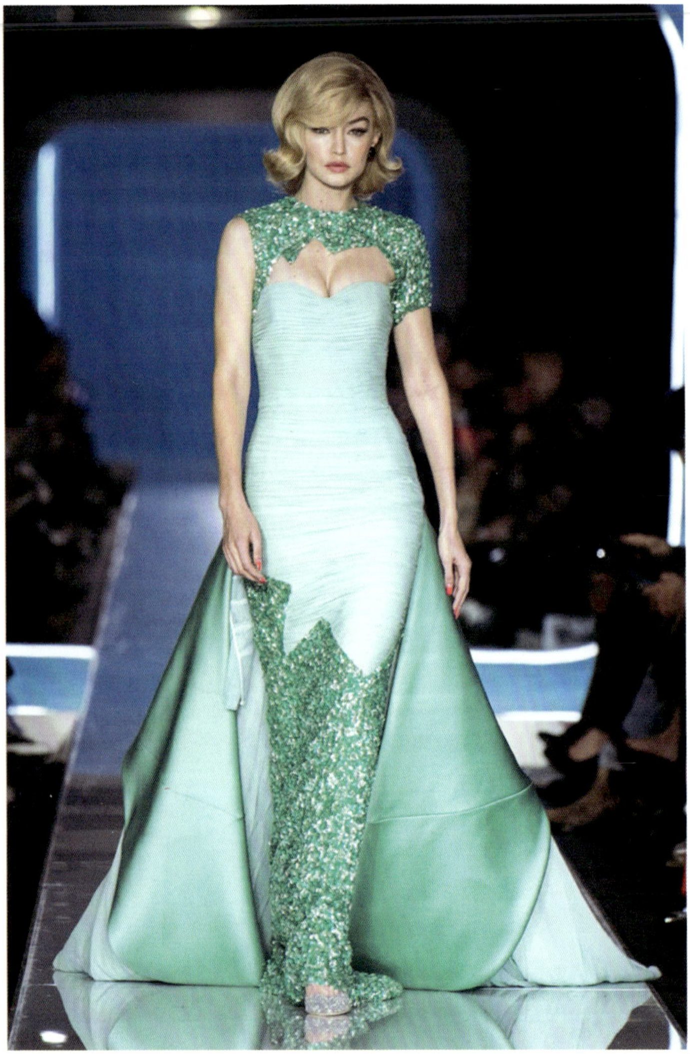

Moschino

Herbst/Winter

2018/2019

Barbie

Marilyn Monroe

1997, 2001, 2002, 2009

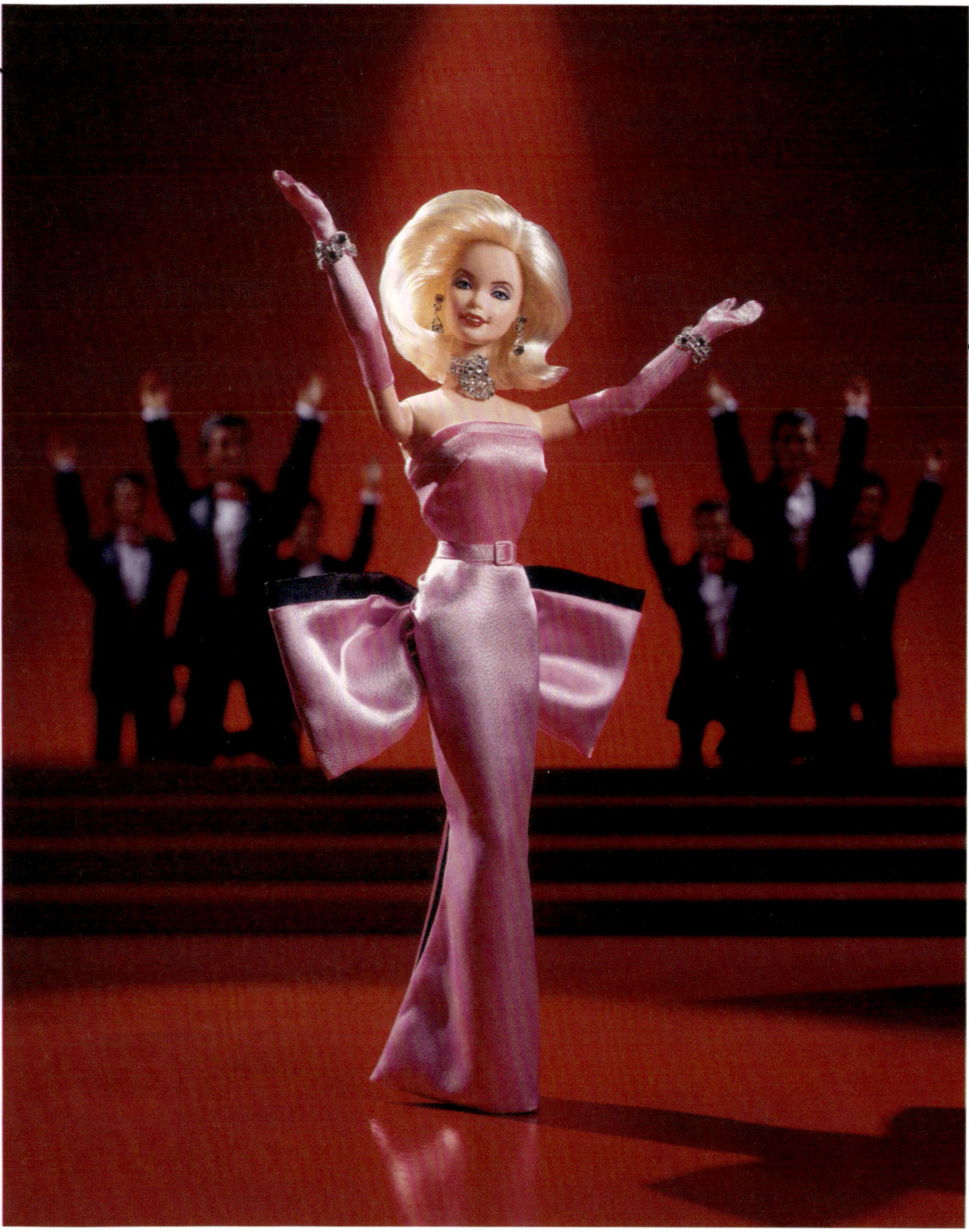

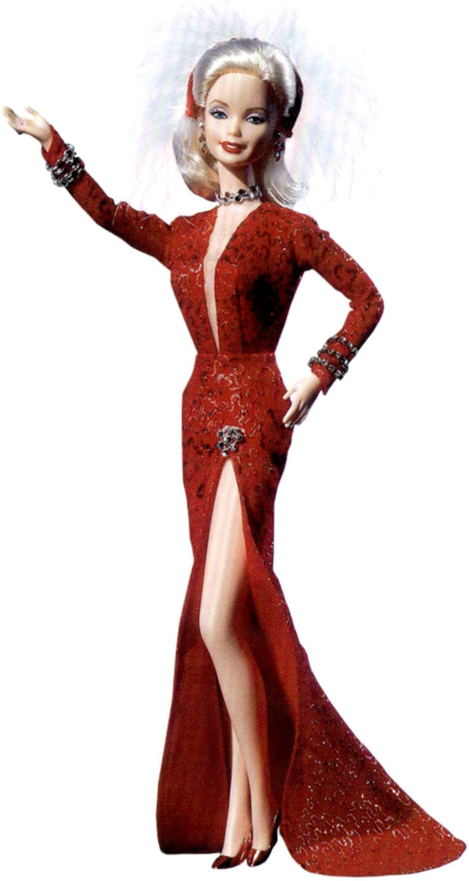

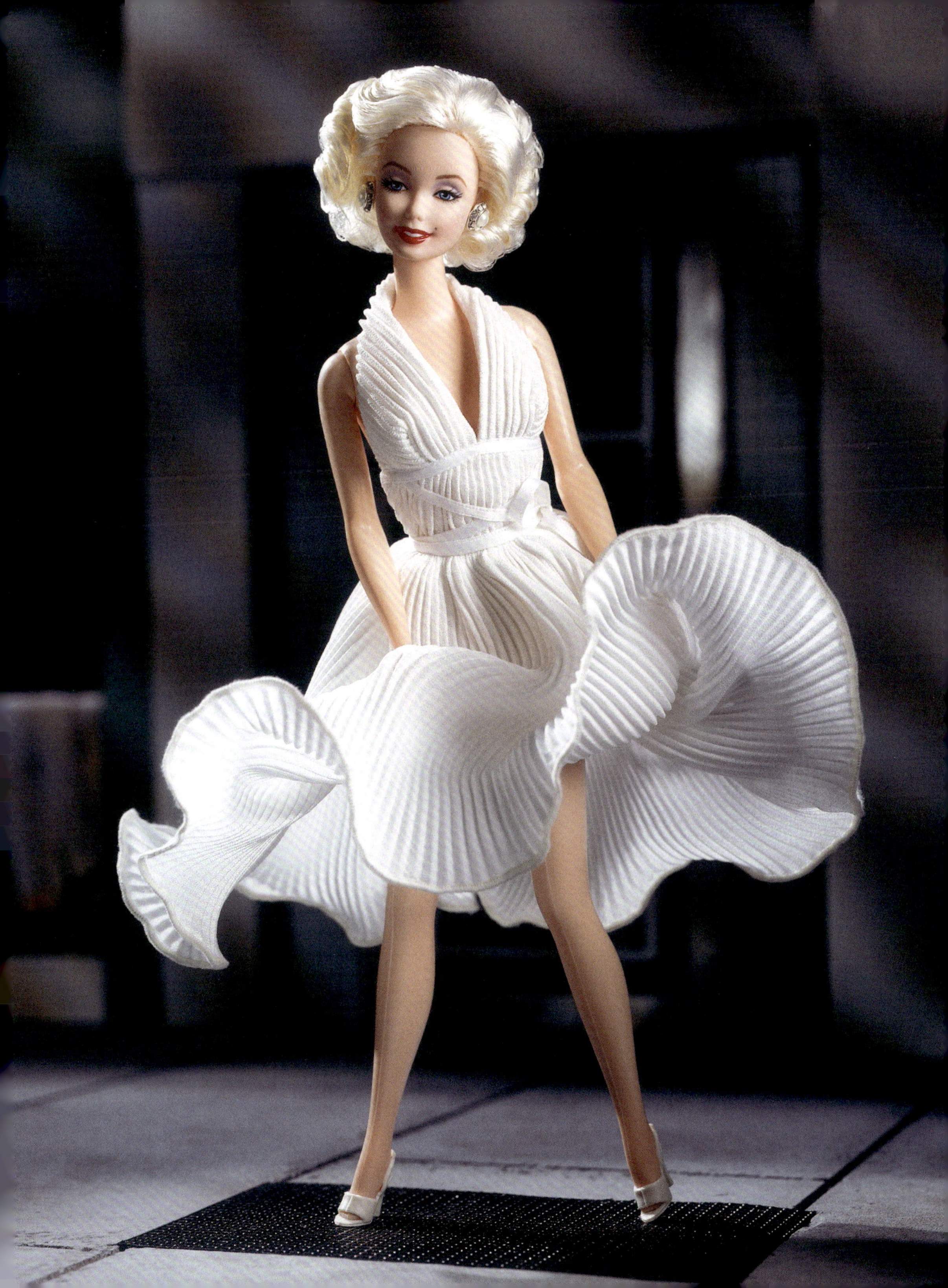

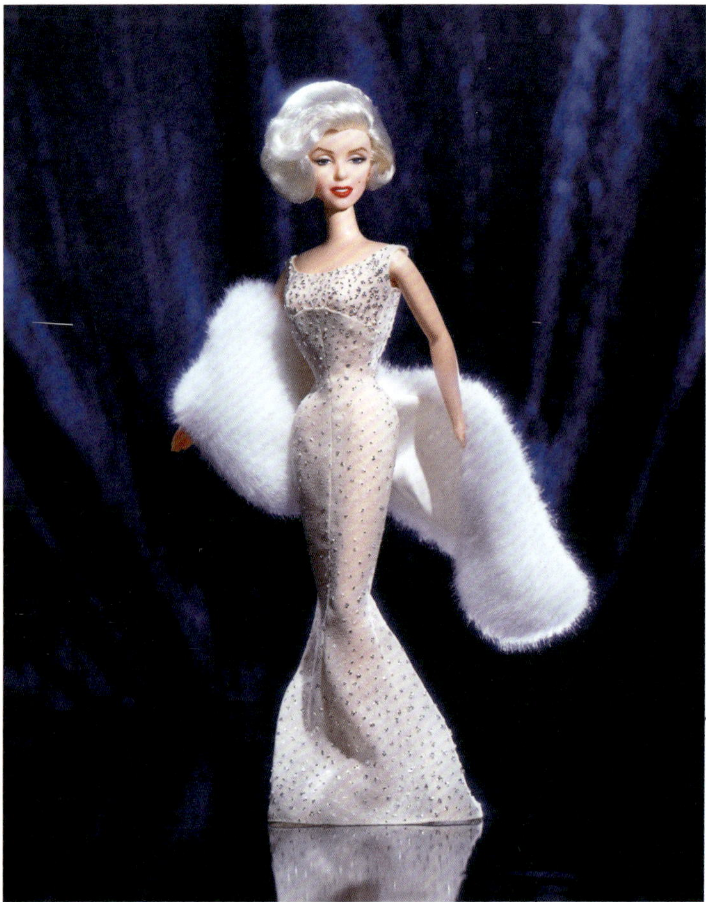

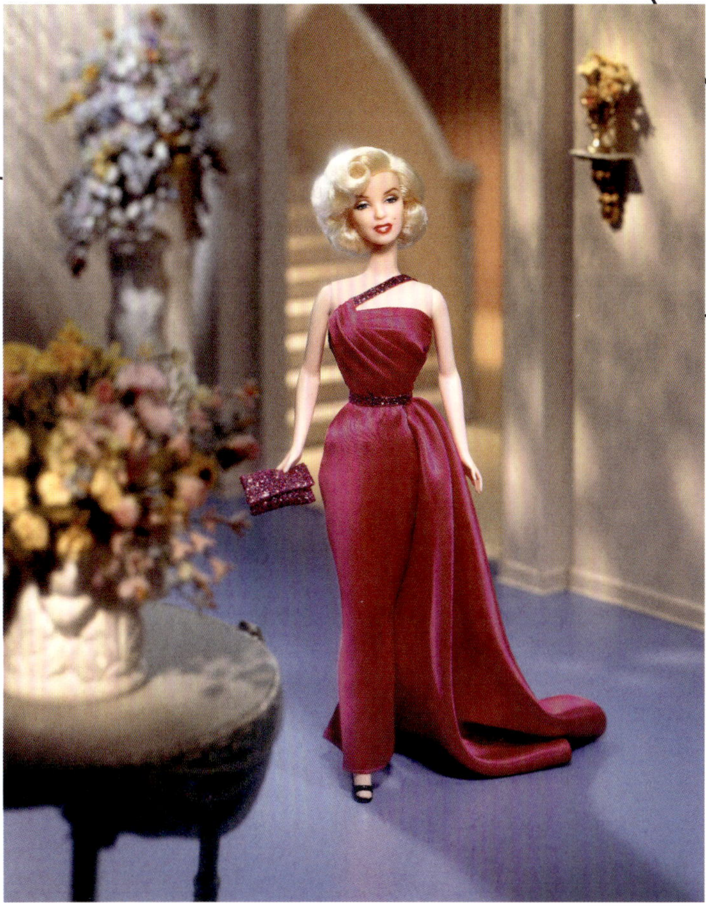

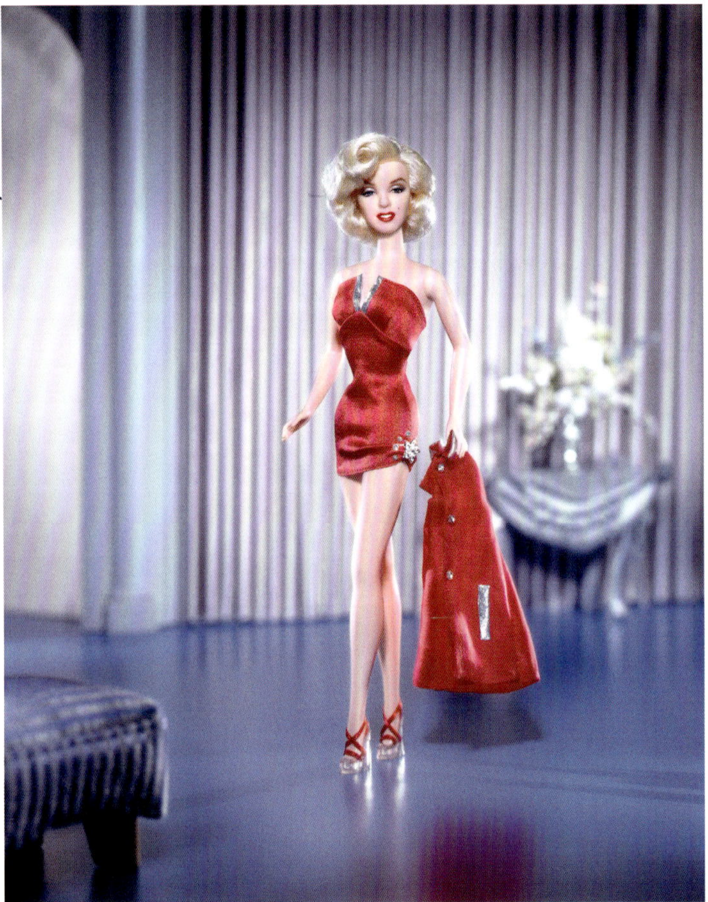

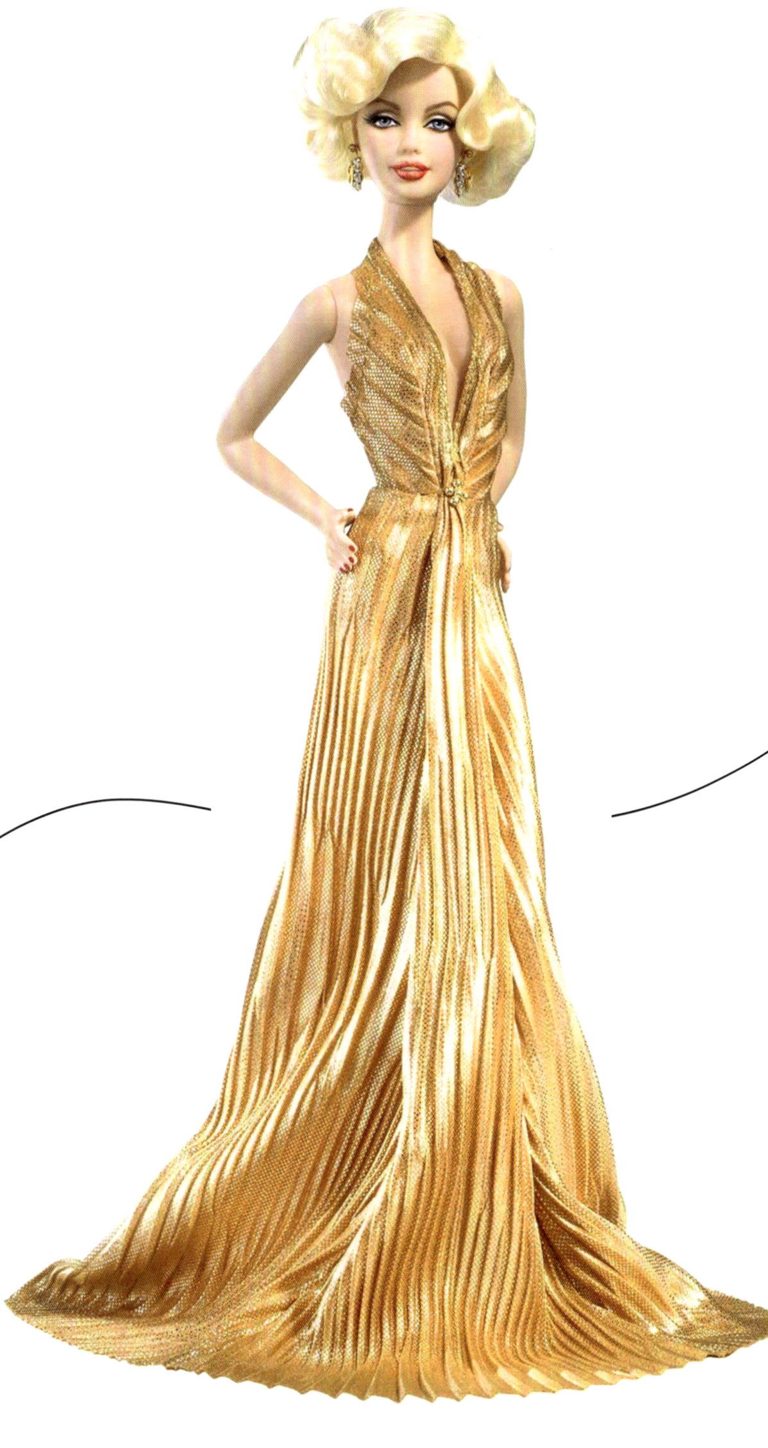

Referenzbibliografie

Lena Pepitone, William Stadiem, *Marilyn confidenziale,* Euroclub, Bergamo 1980.

Anna Praderio, *Marilyn Monroe. La vita. Il Mito. I Film,* supplemento a *Ciak,* n. 6/89, Mailand 1989.

Natalia Aspesi, *Marilyn abortì, lo volle Kennedy,* in *la Repubblica,* 13. Februar 1990.

Donald Spoto, *Marilyn Monroe: The Biography,* Cooper Square Publishers, New York 2001.

Marie Clayton, *Marilyn Monroe: Unseen Archives,* Sterling Publishing, New York 2004.

Mike Evans, *Marilyn Handbook,* MQ Publications, London 2004.

Jenna Glatzer, *Marilyn Monroe. Tesori e ricordi della diva che incantò il mondo,* White Star, Vercelli 2008.

Stanley Buchtal, Bernard Comment (a cura di), *Marilyn Monroe. Fragments. Poesie, Appunti, Lettere,* Feltrinelli, Mailand 2010.

Marilyn Monroe, *La mia storia. Riflessioni autobiografiche scritte con Ben Hecht,* Donzelli, Rom 2010.

Pascal Schembri, *Marilyn Monroe. Ritratto di un'icona,* Edizioni Sabinae, Rom 2011.

David Wills, *Marilyn Monroe. Metamorfosi,* Rizzoli, Mailand 2011.

Massimiliano Capella, *Venere con i tacchi a spillo,* in *Il Giornale dell'Arte,* Nr. 139, Juli–August 2012.

Carlo Andrea Cappi, *La donna più bella del mondo. Vita, morte e segreti di Marilyn Monroe,* Aliberti, Reggio Emilia-Rom 2012.

Stefania Ricci, Sergio Risaliti (a cura di), *Marilyn,* catalogo della mostra, Skira, Mailand 2012.

Massimiliano Capella (a cura di), *Roberto Capucci. La ricerca della regalità,* Allemandi & C., Turin 2013.

Steve Crist, Shirley T. Ellis De Dienes (a cura di), *André De Dienes. Marilyn Monroe,* Modena 2015.

Milton H. Greene, *Marilyn Monroe. Un fotografo, la sua musa,* Rizzoli, Mailand 2017.

Bildreferenzen

Getty Images; S. 2–3, 142–143 John Kobal Foundation; S. 10, 84, 88, 95, 141 Ed Feingersh/Michael Ochs Archives; S. 17, 77 Hulton Archive; S. 18 Getty Images; S. 21, 27, 32, 80 Michael Ochs Archives; S. 22 Mario Tama; S. 25 AFP PHOTO/GABRIEL BOUYS; S. 25 Photo 12/UIG via Getty Images; S. 28 Lewis Whyld – PA Images/PA Images via Getty Images; S. 31 Hulton Archive; S. 35 Keystone; S. 36, 39, 48, 53, 59, 69–70, 73 Bettmann; S. 43 Chicago History Museum; S. 44 MGM Studios/Archive Photos; S. 47 John Cobal Foundation; S. 54 Express/Hulton Archive; S. 60 Reinhard-Archiv/ullstein bild via Getty Images; S. 66 Gene Lester; S. 74 Sunset Boulevard/Corbis via Getty Images; S. 79 Caroline Seidel/picture alliance via Getty Images; S. 83 John Kobal Foundation; S. 87 Baron; S. 91 Evening Standard; S. 92 Frank Worth, mit freundlicher Genehmigung von Capital Art; S. 96–97 CARLOS CAZALIS/AFP; S. 102 Ron Galella/WireImage; S. 115 Sunset Boulevard/Corbis via Getty Images; S. 116 Earl Theisen/Sunset Boulevard/Corbis via Getty Images; S. 118 Gilbert Carrasquillo/FilmMagic; S. 124 Antony Jones; S. 125 Emma McIntyre;

Zeitschriften: S. 50–51 *VOGUE America;* S. 64–65 *The Dallas Morning News*

Skizzen, Fotos und Verschiedenes: S. 63 Roberto Capuccis Skizze für das superschlanke Kleid, das für Marilyn Monroe entworfen wurde; S. 129–135 Mattel

Der Verlag entschuldigt sich für eventuell nicht berücksichtigte Urheberrechte und steht selbstverständlich für die Klärung allfälliger Ansprüche der Rechteinhaber zur Verfügung.

Der Autor dankt Petra Aprile für ihre wertvolle Mitarbeit bei der Erstellung dieses Bandes. Mein Dank gilt auch denjenigen, die mit einem Vorschlag oder einem bibliografischen Hinweis dazu beigetragen haben, die Informationen über den Mythos Marilyn zu bereichern: Alessandro Botturi, Clara Pellegris, Massimo Marcomini, Mario Paglino und Roberta Simonetto.

Schließlich möchte ich mich bei allen Blondinen in meinem Leben bedanken: Yvonne Vincoli, Cristina Capella, Claudia Zola, Patrizia Cucco, Viviana Dell'Ora, Franca Meo, Caterina Borghi, Gina Lombardi, Ottilia Munaretti Bertazzo, Luisa Bianchi und, natürlich, Barbara Millicent Roberts (Barbie).

März 1955. Marilyn Monroe beim Entspannen in einem New Yorker Restaurant.

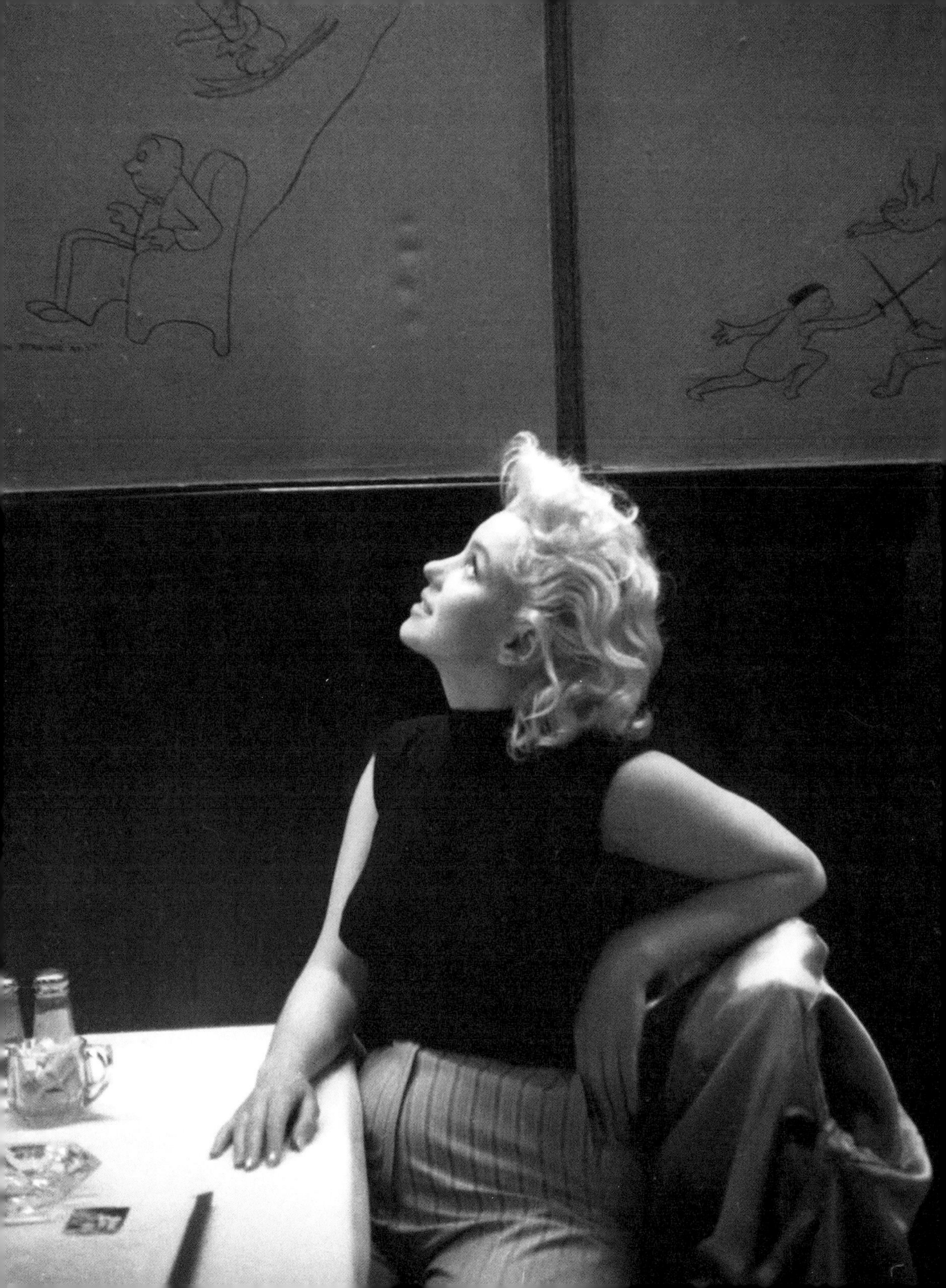

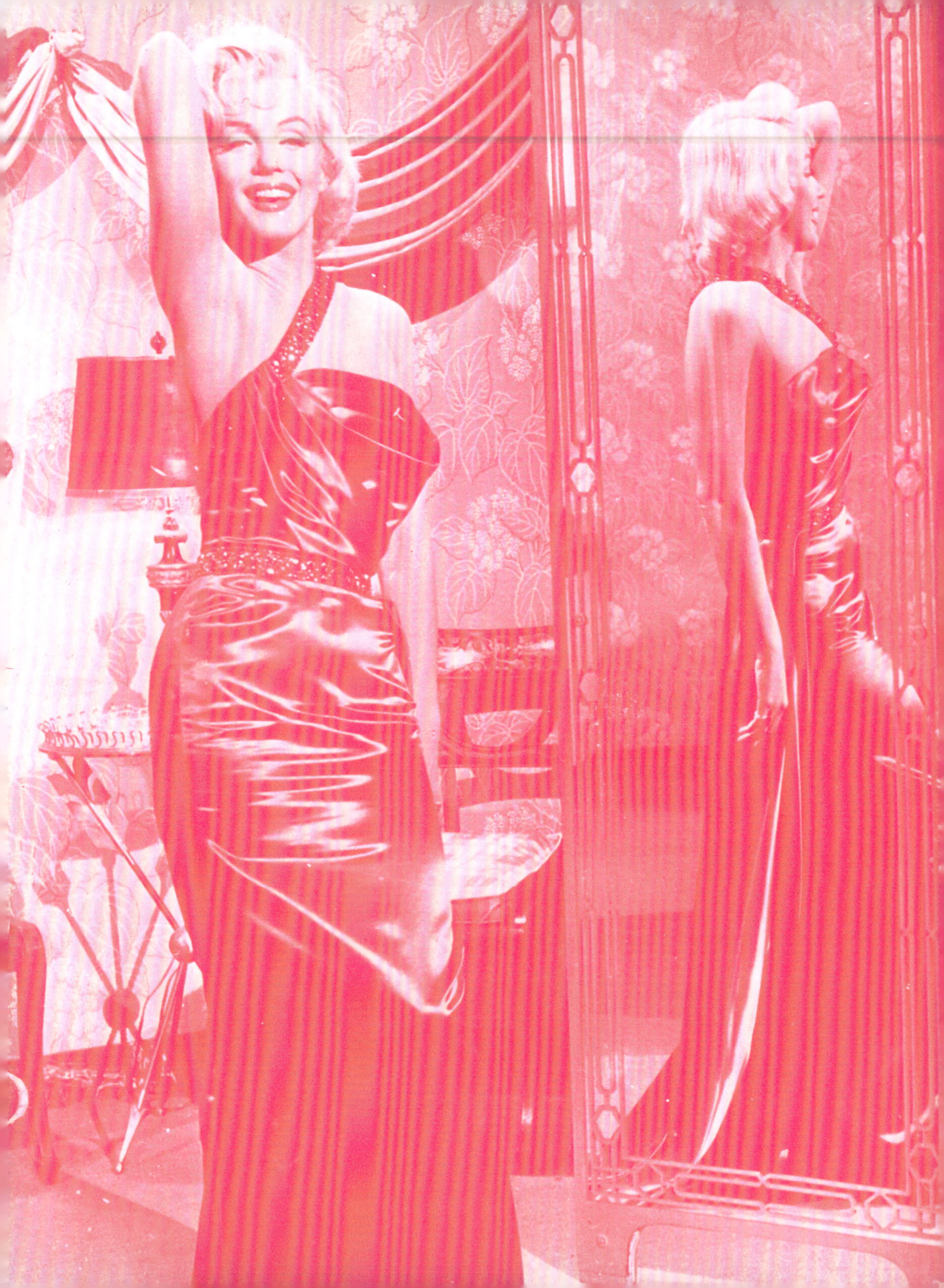